Christian Roland

Die
Jesus-Alternative

Hoffnung für Homosexuelle

Mit einem Nachwort
von Ulrich Parzany

D1726184

AUSSAAT VERLAG · WUPPERTAL

© 1979 Aussaat- und Schriftenmissions-Verlag GmbH, Wuppertal
Auflage   5   4   3   2   1   /   83   82   81   80   79
(Die letzten Zahlen bezeichnen die Auflage und das Jahr des Druckes)
Titelgrafik: Harald Wever, Wuppertal / James Barnhill, Raleigh, North Carolina, USA (Fenstermotiv)
Satz und Druck: Aussaat Verlag, Wuppertal
ISBN 3 7615 2185 5

Gott kann Wege aus der Ausweglosigkeit weisen.
Er will das dunkle Gestern in ein strahlendes Morgen
verwandeln und zuletzt in den leuchtenden Morgen
der Ewigkeit.

Martin Luther King

Nè pinger nè scolpir fie piu che quieti l' anima,
volta a quell' amor divino ch' aperse, a prender noi,
'n croce le braccia.

Nicht mehr malen noch meißeln will ich, bis die Seele zur
Ruhe komme, zurückgekehrt zu jener göttlichen Liebe, die,
uns zu umfassen, am Kreuz die Arme ausbreitete.

Michelangelo

VORWORT

Dies Buch ist eine Kampfschrift gegen den Determinismus und die Hoffnungslosigkeit.

Es geht hier um mehr als nur um Homosexualität und Heterosexualität. Die Grundentscheidung, vor die jeder Mensch gestellt ist, lautet: Leben in eigener Regie — oder Leben in der Führung durch Jesus.

Wahres Leben fängt erst da an, wo die Trennung von Gott überwunden ist. Hier hilft keine Verdrängung.

Dies ist ein Buch für Leute, die den Mut haben, ihre ganze Existenz in Frage stellen zu lassen, die bereit sind, neue Wege zu sehen und zu gehen.

Ein Buch für solche, die noch hoffen können oder die das zumindest wünschen.

Ich habe am eigenen Leib erfahren, daß es bei Jesus ein alternatives Leben gibt; daß es eine Erfüllung gibt, einen Sinn, von der ich als Homosexueller nie zu träumen wagte; daß es eine Freiheit zum Neinsagen gibt; daß es eine Freude gibt, die durchträgt, eine Freude, tief verankert in der Gewißheit, von Gott angenommen und geliebt zu sein.

Deshalb ist dieses Buch ein Bekenntnis zu einem erneuerten Leben und keine Theorie. Jede Aussage ist durch Erfahrung gedeckt.

Wer mit Jesus noch nichts anfangen kann, tut gut daran, erst das Kapitel „Grundsätzliches" zu lesen. Von dort her wird er den Zugang zu den anderen Teilen gewinnen.

Viele Punkte sind nur angetippt, nur kurz gestreift.

Es geht mir darum, einen Weg zu zeigen, nicht mehr.

Den Weg muß jeder selber gehen.

Noch eins:

Der Weg mit Jesus lohnt sich. Ich kenne keinen anderen mehr.

In der Gegenwart Jesu werden alle anderen Lebensalternativen zu Unmöglichkeiten.

Wer von Jesus abgeschnitten ist, ist hilflos den Zerstörungsmächten preisgegeben.

Wer aber in den Einflußbereich Jesu kommt, hat begründete Hoffnung auf Gesundung, auf ein ganzheitliches Heilwerden seiner Existenz.

Ich möchte Dich einladen, hereinzukommen und Dich anstecken zu lassen von der Dynamik der Hoffnung.

Hier ist eine Alternative für alle.

Christian Roland

INHALT

BEGEGNUNG

Ein Bild zur Einführung

Mein Leben war ein einziges Suchen nach Liebe. Vielleicht geht es Dir ähnlich. Ich suchte den Einen, der mich um meiner selbst willen liebt, der mich vorbehaltlos annimmt. Immer wieder wurde meine Hoffnung enttäuscht. Ich begann, hart zu werden gegen mich und die Menschen. Dennoch ging meine Suche weiter.

Gern möchte ich Dir erzählen, wie ich wahre Erfüllung gefunden habe.

Eines Tages kam ein Mann zu mir, den ich, wie mir schien, noch von Urzeiten her kannte, den ich aber fast ganz vergessen hatte. Wenn ich es mir recht überlege, habe ich zeitweilig die Erinnerung verdrängt und richtiggehend versucht, ihn zu vergessen. Ich wollte vor ihm wegrennen.

Doch dann stand er plötzlich wieder vor mir und sprach zu mir. Er sagte mir, daß er mich lieb habe; daß er mein Freund sein wolle; daß er meine Lasten tragen wolle; daß er seine Liebe für mich bewiesen hätte, indem er für mich starb. Als ich ihn genauer anschaute, erkannte ich ihn wieder. Ich sah die Wunden an seinen Händen und Füßen und an seiner Seite. Es war der Mann von Golgatha. Es war Jesus. Er fragte mich: „Willst du mir folgen?"

Vertrauen wurde wach. Ich wollte gern. Doch — ich war schon oft enttäuscht worden. Und da war noch das Tier auf meiner Schulter, das auf einmal so laut auf mich einredete, daß ich die Stimme des Mannes kaum mehr hören konnte. Es schmiegte sich eng an mich und sagte: „Willst du wirklich dein Leben diesem Fremden anvertrauen? Überleg doch einmal, du bist jung, du hast viel Zeit. Später vielleicht. Aber jetzt brauchst du ihn nicht!"

Während es noch redete, war mein Blick in die Ferne geschweift. Das kam manchmal so über mich. Fernweh, die große Sehnsucht, so nannte ich es damals. Eigentlich hatte das Tier ja recht. So schlimm stand es nun auch wieder nicht um mich.

„Ich bin gekommen, um dir erfülltes Leben zu geben!" Seine Stimme rief mich aus meinen Gedanken zurück. „Wer Durst hat, der komme zu mir und trinke sich satt!" Das war ja meine Lage: ein unendliches Dürsten nach Liebe, nach Leben, nach Freiheit. Und er bot mir all das an.

„Es ist wahr!" rief es in meinem Innern. „Nein, nein, glaube ihm nicht!" kreischte das Tier.

„Ich wollte gern, Herr, doch ich kann nicht. Du kennst nicht das Tier, das ich immer herumtrage. Es treibt mich pausenlos. Es läßt mich nicht zur Ruhe kommen. Erst war es ziemlich klein, doch es ist immer größer geworden. Ich werde es nicht los, was soll ich nur tun?" Und ich brach in ein großes Weinen aus, während das Tier hämisch lachte und spottete.

„Laß mich nur machen!" antwortete er. „Ich weiß, daß du damit nicht fertig wirst. Wenn du erlaubst, werde ich das Tier töten!" „Nein!" schrien das Tier und ich wie aus einem Munde. „Was bleibt dir noch, wenn ich nicht mehr da bin?" fragte mich das Tier. „Er will dir nur allen Spaß wegnehmen. Er wollte die Menschen schon immer quälen mit unerfüllbaren Forderungen. Laß uns gehen! Du und ich, wir gehören doch untrennbar zusammen." So sprach das Tier.

Und wieder glitt mein Blick in die Ferne ab. Ich dachte an den Tag, an dem ich das Tier zum erstenmal sah. Herrlich war es anzuschauen, klug und schön und stark. Verführerisch. Und ich? Ich war unsicher; ich war auf der Suche. „Ich werde dich glücklich machen. Ich werde dich immer lieben." Das hatte damals das Tier gesagt. Und so willigte ich ein.

So war ich mit dem Tier allein. Und es ist mit mir überall hingegangen: in die Schule, an die Arbeit, auf die Straßen, auf die Feste. Sogar in der Kirche war es dabei. Wir waren mehr und mehr zusammengewachsen. Ich fühlte und dachte fast wie das Tier.

„Wer Sünde tut, ist der Sünde Knecht!" sagte Jesus. Ich fuhr erschrocken aus meinen Gedanken hoch. „Knecht, Sklave der

Sünde", dachte ich. Ein Knecht dient einem fremden Herrn und kommt nicht los.

„Wen der Sohn frei macht, der ist recht frei." Sollte das möglich sein, wirklich frei? Ich wußte wohl, daß das, was ich oft als Freiheit feierte, nichts anderes als Gebundenheit war, mit Schamlosigkeit gekoppelt. Dennoch hoffte ich darauf, irgendwo eine Freiheit zu finden, die echt ist. „Was muß ich tun, Herr? Ich komme allein nicht frei!" Und wie er sprach, sah ich ihn an. Er wußte alles über mich, das merkte ich. Und er liebte mich dennoch. Zwar fing das Tier zu zetern an, zu schreien, mich zu beschwören, doch ich hörte nicht mehr hin. Ich sah nur noch den Mann, der mich so sehr geliebt hat. „Komm her zu mir mit deiner Last. Ich will dir Ruhe geben. Ich gebe dir ein neues Herz. Vertrau dich mir an!"

Als ich es tat, als ich dann ja sagte, überstürzten sich die Ereignisse. Das Tier schrie auf wie von einem Blitzstrahl getroffen und fiel von meiner Schulter hinunter. Jetzt erst merkte ich, wie schwer seine Last geworden war. Ich hatte mich so an sein Gewicht gewöhnt. Es wurde auf einmal ganz hell um mich, und ich sah mich richtig wie nach langer Zeit. Welche Fetzen an meinem Leib hingen! Sie wurden mir abgenommen; man brachte neue, weiße Kleider. Der Herr nahm mich in seine Arme und sagte: „Komm her, du Gesegneter meines Vaters! Du sollst mein Reich miterben." Und er gab mir einen Siegelring mit dem Wappen seines Reiches.

Dann wurde ich wie von einem großen Wirbel erfaßt. Herrliche Geschöpfe — Männer und Frauen — tanzten und sangen um den Sohn Gottes herum. „Komm, mach mit!" riefen sie mir zu und winkten mit der Hand. Als die Tanzenden ein wenig weitergezogen und der Trubel etwas abgeflaut war, sprach der Herr zu mir: „Du bist jetzt ein ganz neuer Mensch. Das Alte ist vorbei. Ich habe es in meinen Tod mitgenommen. In dir hat ein ganz neues Leben angefangen. Du hast eine lange Reise vor dir. Ich werde dich begleiten, aber du wirst mich nicht sehen können. Wenn du mich rufst, werde ich dasein, um dir zu helfen. Laß dich nicht vom Weg abbringen, geh den Tänzern nach. Siehst du den schmalen Weg? Dort hinauf geht es, immer höher hinauf. Am Ziel wartet auf dich die Stadt meines Vaters."

„Und was ist mit dem Tier, Herr?" fragte ich. „Es ist tödlich verwundet, doch wird es noch eine kleine Weile leben. Es wird versuchen, wieder auf deine Schulter zu kommen; es wird versuchen, dich zu täuschen, es wird so tun, als sei es gar nicht zum Tode verurteilt. Laß dich nicht betören oder einschüchtern. Wenn es dich bedrängt und alte Rechte auf dich anmelden will, dann sage: ‚Mein Leben gehört nicht mehr mir. Es gehört dem, der für mich gestorben und auferstanden ist, der mich freigekauft hat mit seinem Blut.' Denke daran: Wenn du rufst, werde ich helfen. Auch gebe ich dir Weggenossen an deine Seite. Du wirst sie bald treffen."

„Doch wie werde ich den richtigen Weg wissen, wenn ich dich nicht sehe und ich allein bin und es dunkel wird?" fragte ich. Da gab er mir ein Buch mit der Beschreibung des Weges, in dem die Gefahren verzeichnet sind, auch die Abgründe, die Rastplätze und ein Bild des Ziels. „Dies Wort soll deines Fußes Leuchte sein!" Dann sah ich ihn nicht mehr. Doch mein Herz war froh, weil ich den Weg gefunden hatte.

Manchmal versucht das Tier noch, sich anzuschleichen. Ein-, zweimal ist es sogar auf meine Schulter gesprungen. Doch ich merke, wie es an Kraft verliert. Es wird immer schwächer. Es verträgt die Höhenluft nicht, wie es selbst sagt. Ich bin zwar erst an den Ausläufern des Berges angelangt, doch auch das ist dem Tier schon zuviel. Darum will es mich zur Umkehr bewegen. Doch ich höre nicht darauf und gehe weiter.

Willst Du nicht auch mitmachen? Ich lade Dich ein. Jesus will Dir ein Leben geben, das sich lohnt. Er gibt Dir ein Ziel. Dann kannst Du mittanzen und mitsingen:

> Ich habe heute den Herrn gesehn,
> und was ich sah, hat mich glücklich und froh gemacht,
> ein neues Leben begann für mich,
> da ist mein Glaube an Christus erwacht.
> Er sah mich an, sein Blick traf mich tief,
> ich folgte, da er mich rief,
> so glücklich ich bin; nun hat mein Leben einen Sinn.

BRIEFE AN DIRK

1. Brief

Lieber Dirk!
Ich bin sehr dankbar, daß Du so großes Vertrauen zu mir
hast und mir Deine Fragen so offen schreibst. Ich will
versuchen, so gut ich kann zu antworten.
Nein, Gott hat sich nicht von Dir abgewandt, weil Du
homosexuelle Empfindungen und Wünsche hast. Das ist doch
die erstaunliche Botschaft der Bibel: Der heilige Gott liebt
uns, so wie wir sind, mit allen Fehlern und Sünden. Weil ich
das in meinem Leben handgreiflich erfahren habe, kann ich
Dich nicht verachten oder ablehnen, wie Du gefürchtet hast,
sondern möchte Dir, soweit es in meiner Macht steht,
auf dem Weg zur Freiheit helfen und ein Stück mit Dir gehen,
Deine Lasten zu meinen machen und Dir tragen helfen.
In Gottes Augen sind wir Menschen alle gleich schuldig in
unserer stolzen Empörung gegen ihn und unserem
Umherirren im Dickicht unserer Schuld und der Verstrickung
in sündige Gewohnheiten. Und wir sind alle in gleicher
Weise von ihm angenommen. Er ruft Dich und mich,
hineinzukommen in sein Licht, das unsere Schuld aufdeckt,
aber uns auch mit seiner Wärme umgibt und heilt. Lauf nicht
weg, wenn er es bei Dir licht werden läßt. Schließ Jesus
nicht aus diesem Teil Deines Lebens aus. Du wirst wie der
verlorene Sohn im Gleichnis erfahren, daß Gott schon lange
mit offenen Armen auf Dich wartet. Du wirst erfahren,
daß es wahr ist, was Johannes, der engste Vertraute Jesu,
schrieb: „Wie viele ihn, Jesus, aber aufnahmen, denen gab er
Macht, Gottes Kinder zu werden, die an seinen Namen
glauben" (Johannes 1, 12).
Wenn Jesus in Dein Leben eintritt, kommt eine ganz neue
Kraft in Dein Leben. Du wirst ein neuer Mensch mit neuen
Möglichkeiten. Paulus, der Apostel, beschreibt diese neue

Lebensform so: „Wenn jemand in Christus ist, so ist er eine neue Schöpfung. Das Alte ist vergangen, etwas ganz Neues ist geworden" (2. Korinther 5, 17).

Ich wünsche sehr, daß Du das in Deinem Leben erfährst. Jesus hat die Kraft, Dein Leben ganz neu zu gestalten. Er hat seine Liebe zu uns am Kreuz gezeigt und ist Dir auch jetzt in allen Schwierigkeiten nah.

Das soll für jetzt genug sein. Wir wollen in Verbindung bleiben.

In Erwartung Deiner Antwort grüßt Dich ganz herzlich Christian.

2. Brief

Lieber Dirk!

Danke für Deine schnelle Antwort! Du schreibst, daß du gerne als Christ leben würdest und auch einen Anfang im Leben mit Jesus Christus gemacht hast, daß Dir aber jetzt viele Zweifel kommen, da Du mehr und mehr Dein „Anderssein als die andern", wie Du es nennst, erkennst; Zweifel, ob Du wirklich Christ bist und ob die Sache mit Gott überhaupt wahr ist. Du schreibst, daß Du nach Gottes Willen leben möchtest, aber es einfach nicht kannst. Ich kenne diese Gespaltenheit von mir selbst: auf der einen Seite möchte man konsequent als Christ leben, auf der anderen wird man hingezogen zur schnellen Befriedigung seiner sexuellen Wünsche. Und zu der Gespaltenheit kommt die Einsamkeit, geboren aus der Angst, daß andere Dich nicht verstehen und Dich ablehnen würden, wenn sie Dein Inneres kennenlernten. Deshalb freue ich mich sehr, daß Du es gewagt hast, aus dieser zerstörerischen Heimlichkeit auszubrechen und die Maske abzuwerfen. Das ist der erste Schritt zur Bewältigung unserer Schwierigkeiten. Denn erst da, wo wir offen werden, hat Gott Raum, unsere Wunden zu heilen und unser Leben neu zu ordnen.

Im Neuen Testament findet sich ein sehr mutmachender

Bericht im Brief des Paulus an die Gemeinde in Korinth.
Korinth — das war eine Weltstadt, ein internationaler
Handelsknotenpunkt, eine Stadt mit dem üblichen
Hafenmilieu. Und nun war die Botschaft von Jesus dorthin
gekommen; eine lebendige Gemeinde war entstanden.
In dieser Gemeinde befanden sich Leute, die wir nicht
unbedingt in einer Kirche erwarten würden: ehemalige
Kriminelle, Götzenanbeter, Prostituierte, Reiche und Arme,
Menschen aus allen Nationen. Unter ihnen waren auch
Homosexuelle. Und sie konnten alle erleben, wie sie neu
wurden: „Solche sind einige von Euch gewesen. Nun aber seid
Ihr gewaschen, geheiligt und gerecht geworden durch den
Namen des Herrn Jesus Christus und durch den Geist
Gottes" (1. Korinther 6, 9—11).
Da war keiner besser als der andere. Sie hatten alle Dreck am
Stecken. Dann erlebten sie alle die Vergebung Gottes.
Es gibt also eine reale Möglichkeit, daß Du aus der
Gespaltenheit herauskommst und eine ganzheitliche
Erneuerung Deines Lebens erfährst. Du mußt nicht für immer
ein „homosexueller Christ" bleiben. So etwas gibt es nicht.
Wenn Du Christ bist, bist Du eine Neuschöpfung Gottes.
Dein altes Leben ist vorbei. Etwas ganz Neues hat
angefangen.
Hier ist ganz entscheidend, daß Du Gottes Wort und nicht
Deinen Gefühlen oder Gedanken vertraust. Die sind noch
von Deinem alten Leben her geprägt, vielleicht sehr stark.
Aber die Tatsache bleibt: Du bist neu geworden. Und jetzt
sagt die Bibel, daß auch unser Denken und Fühlen erneuert
werden soll. Das kommt danach. Du bist kein Homosexueller
mehr, wenn Du in Christus bist. Du mußt nicht mehr
in der Tat noch in Gedanken zwanghaft sündigen. Wenn Du
Jesus Raum läßt, an Dir zu arbeiten, indem Du intensiv
Gottes Wort in Dich aufnimmst und mit ihm redest, wirst Du
bald merken, wie in Dein Gefühlsleben ein heller Klang
hineinkommt, wie Deine gesamte Persönlichkeit gesundet
und alles unter die befreiende Herrschaft Gottes gestellt
wird.

Die Abkehr vom feindlichen und selbstzerstörerischen Lebensstil — bei Dir Homosexualität — ist ein bewußter Willensakt. Du nimmst Gottes Urteil über Deine Schuld an und versuchst nicht mehr, Dich selbst zu entschuldigen. Und Du nimmst Gottes Vergebung, die neues Leben schafft, für Dich in Anspruch. Das heißt es, Gottes Kind zu werden. Hier wird die Grundlage gelegt. Das Aufarbeiten der Vergangenheit, die Gesundung der Seele ist dagegen ein oft langer Prozeß, in dem es ohne Kämpfe nicht abgeht.

Wenn du also versucht wirst, heißt das nicht, daß Du noch Homosexueller bist, sondern nur, daß der Versucher — der Feind Gottes — diese bestimmte schwache Stelle bei Dir als Einfallstor gebrauchen und die Gewißheit des neuen Lebens untergraben will. Hier mußt Du ihm im Vertrauen auf Gottes Wort ungeachtet Deiner Gefühle entgegentreten. Gott allein kann uns recht beurteilen. Wenn er Dir sagt: Du bist mein Kind! dann ist das das entscheidende Urteil über Dein Leben. In der Hoffnung, daß Du fest in dieser Freiheit stehst, grüßt Dich
Christian.

3. Brief

Lieber Dirk!
Du fragst, ob ich jemanden kenne, der wirklich sein Leben und seine Gefühlswelt so aufgearbeitet hat, wie ich es im letzten Brief beschrieben habe, und der wirklich so von innen heraus erneuert worden ist. Du befürchtest, daß das nichts anderes sein könnte als Verdrängung. Das ist eine wichtige Frage, denn was wäre die schönste Theorie wert, wenn es nicht möglich ist, sie im Lebensvollzug nachzuprüfen und zu praktizieren?

Ja, es gibt viele Männer und Frauen, die einst in der Homosexualität gebunden waren und jetzt in der Bindung an Jesus wahre Freiheit erfahren. Einige kenne ich persönlich. Von anderen habe ich gelesen und gehört.

Ich selbst war jahrelang ein Sklave dieser Sünde; ich konnte kaum einen jungen Mann ansehen, ohne ihn zu begehren, obwohl ich Gottes Urteil über mein Verhalten kannte und auch gerne von diesen Bindungen frei werden wollte. Ganz langsam bin ich dann zu der Einsicht gekommen, die ich Dir schrieb. Ich hätte viel darum gegeben, wenn ich mit jemandem über mein Problem hätte reden können, doch ich kannte anfangs niemanden. Ich habe viele Fehler gemacht und bin oft vom Weg abgekommen. Aber Jesus hat mich nicht fallenlassen, sondern geduldig immer wieder mit mir gesprochen, obwohl ich seine Stimme oft nicht hören wollte. Nach langen inneren Kämpfen habe ich dann den Entschluß gefaßt, Gott mehr zu glauben als meinen Empfindungen. Heute bin ich auch gefühlsmäßig frei von der Homosexualität.

Ich möchte Dich ermutigen, klare Schritte mit Jesus zu tun. Die Homosexualität ist wie ein tödliches Gift in Deinem Munde, wie eine bösartige Krankheit, die sich unaufhaltsam ausbreitet. Spiel nicht leichtfertig mit Dingen, die Du, schneller, als es Dir lieb sein mag, nicht mehr unter Kontrolle halten kannst.

Gott hat eine hellere Zukunft für Dich bereit!

In der Liebe Jesu grüßt Dich

Christian.

4. Brief

Lieber Dirk!

Was soll ich Dir schreiben? Du hast die Konsequenz echter Christusnachfolge selbst erkannt: Du mußt Dich von Deinem Freund trennen.

Ich weiß, daß das nicht leicht für Dich ist. Aber es ist der einzige Weg. Die Bibel ist an diesem Punkt sehr hart: „Solche werden das Reich Gottes nicht ererben!" (1. Korinther 6, 9—11).

Hinkehr zu Gott bedeutet immer Abkehr von der Sünde.

Jesus bietet Dir volle Vergebung und Kraft für Deinen Weg
an. Er sagt: „Wer sein Leben erhalten will, der wird es
verlieren. Wer aber sein Leben verliert um meinetwillen,
der wird es finden."
Ich habe erfahren, daß er wirklich Leben und volles Genüge
schenkt, wie er versprochen hat, daß mein Leben erfüllter
und wirklich lohnend geworden ist.
Jesus ist für mich Vater, Mutter, Schwester und Bruder
geworden. Vielleicht fällt es Dir schwer, mir zu glauben.
Was Dir aus eigener Kraft nicht möglich erscheint, will Jesus
schaffen, wenn Du ihn läßt.
Du kannst ganz neu werden. Was wirst Du tun?
Ich bete für Dich,
Christian.

5. Brief

Lieber Dirk!
Ich bin sehr froh, von Dir zu hören.
Seit meinem letzten Brief habe ich oft an Dich gedacht und
für Dich gebetet. Als ich zum erstenmal wirklich vor die
Entscheidung gestellt wurde, so wie Du jetzt, habe ich mich
gegen Gott aufgelehnt. Ich klagte ihn an: Warum hast Du
mich so gemacht? Warum darf ich nicht so leben, wie ich
eigentlich empfinde? Warum willst Du mir das Schönste
wegnehmen? Auch diese Rebellion hat er ausgehalten und
mir gezeigt, daß er nichts wegnimmt, ohne hundertfach
zurückzuschenken. Er entlarvte die Lügen, die mir mein
Selbstmitleid einflüsterte. Er entlarvte die Stimme, die mir
immer sagte, ich könnte nie anders werden, als die Stimme des
Feindes, der mich in seine Dunkelheit zurückziehen wollte.
Und er schenkte mir Brüder und Schwestern, die mir
durchhalfen und meine Last mittrugen, vor denen ich einfach
ich selbst sein durfte. Und so lernte ich Vertrauen statt
Anklage, Dankbarkeit statt Selbstmitleid. Ich freue mich,
daß auch Du jetzt bereit bist, Dich ganz von der

homosexuellen Lebensweise abzuwenden und Deinen Freund im Vertrauen auf Jesus loszulassen.

Du fragst, was Du praktisch tun sollst:

Sag Jesus im Gebet, daß Du ganz neu anfangen willst. Bekenne Deine Vergangenheit und bitte ihn um Vergebung und um Kraft für die Zukunft. Er hat versprochen: „Ich will Dich nicht verlassen noch versäumen" (Hebräer 13, 5).

Sprich mit Deinem Freund über Deinen Entschluß, die Beziehung abzubrechen und mit Jesus zu leben. Wenn Du fürchtest, es nicht allein zu schaffen, dann schreib ihm einen Brief oder rede im Dabeisein eines Dritten mit ihm. Du mußt Dir darüber im klaren sein, daß dies der schwerste Schritt ist. Satan, der Widersacher Gottes, wird alles versuchen, Dich davon abzuhalten und Dich zurückzuziehen. Laß da Jesus einen Schutzwall um Deine Gefühle bauen. Schwelge nicht in Erinnerungen. Das Alte ist vorbei! Vielleicht wird Dein Freund durch Dein klares Bekenntnis auch zu Jesus gezogen. Gott kann große Dinge tun.

Wirf alles weg, was Dich an Deine homosexuelle Vergangenheit erinnern könnte (Hefte usw.). Meide Treffpunkte für Homosexuelle. Knüpfe neue Freundschaften mit Leuten, die mit auf dem Weg zu Jesus sind. Sei kein Einzelkämpfer!

Lies intensiv die Bibel und fülle so Deine Gedanken mit guten Dingen aus. Danke jeden Morgen, daß Jesus Dich von der Homosexualität befreit hat, und daß Du jetzt als freier Mensch den Tag erleben kannst.

Du kannst den Versuchungen standhalten. Dennoch solltest Du Dich ihnen nicht leichtfertig aussetzen.

Der tägliche Kampf liegt noch vor Dir, aber Jesus wird dabeisein.

Verbunden in Jesus,
Christian.

6. Brief

Lieber Dirk!

Ich möchte noch einmal zusammenfassen, was wir bei unserem Treffen am Wochenende besprochen haben. Wenn Du versucht wirst und Dir homosexuelle Gedanken kommen, heißt das nicht, daß Du noch gebunden bist. Die entscheidende Frage ist, was Du mit solchen Gedanken machst — spinnst Du sie weiter aus oder weist Du sie ab und wendest Dich anderen Dingen zu? Die Versuchung selbst ist noch keine Sünde. Erst wenn wir ihr nachgeben, sündigen wir. Auch Jesus wurde versucht, doch er blieb ohne Sünde (Hebräer 4, 15). Als der Satan Jesus in der Wüste zu dem Zeitpunkt versuchte, als Jesus 40 Tage und Nächte gefastet hatte und körperlich äußerst schwach war, wies Jesus jede der raffinierten Versuchungen mit einem Hinweis auf Gottes Wort ab (Matthäus 4, 1—11).

Deshalb ist es so wichtig, daß Du die Bibel kennst. Sie ist die einzig wirksame Waffe gegen die Einflüsterungen des Feindes. Du bist eine neue Schöpfung. Jetzt mußt Du lernen, zu sein, was Du bist — zu leben als ein Kind des allmächtigen Gottes, in Freiheit und Reinheit.

Aus Deinem alten Leben hängen Dir viele Gedankenabläufe nach. Sobald Du einen sexuellen Impuls fühlst — eine natürliche, von Gott geschaffene, schöne Sache —, neigst Du aufgrund Deiner Erfahrung dazu, Dir bestimmte Situationen vorzustellen. Hier mußt Du umlernen und neue Denkweisen annehmen. Das bedeutet nicht, daß Du von nun an Mädchen begehrlich anschauen sollst. Vielmehr heißt es, von der Versuchung wegzuschauen auf Jesus, den Herrn Deines Lebens. Dazu gehört auch, daß Dein Verhältnis zu Deinen Eltern bereinigt wird. Ganz gleich, ob und wieviel Schuld sie an der Entstehung Deiner homosexuellen Neigung haben, sollst Du ihnen von Herzen vergeben.

Mich haben gute Freundschaften mit Jungen ein großes Stück weiter gebracht auf dem Weg zur inneren Freiheit. Arbeite daran, gesunde, unbefangene Beziehungen zu Jungen und

Mädchen, Männern und Frauen aufzubauen. Suche Dir
Menschen Gottes als Vorbilder.

Mir hat es geholfen, andere Menschen „geistlich", „in
Christus" zu sehen. Wenn ich jemanden treffe, mache ich mir
bewußt, daß Jesus auch ihn liebt, daß er für diesen Menschen
starb und auferstanden ist. Ich segne ihn im Namen Jesu:
„Herr, Du liebst diesen Menschen, Du kennst alle seine
Sorgen und Probleme. Gib ihm das, was er am nötigsten
braucht!"

Dieses Segnen ist genau das Gegenteil von dem, was ich
früher tat — anstatt sie an mich binden zu wollen, kann ich
andere jetzt vertrauensvoll loslassen.

Sprich nicht zu oft von Deiner Vergangenheit. Das rührt alte
Wunden nur unnötig auf. Wenn Du aber einem Deiner
früheren Freunde begegnen solltest, dann erzähle ihm, wie
Dich Jesus frei gemacht hat. Vielleicht sehnt er sich auch
schon lange nach wirklicher Veränderung, sieht aber keinen
Ausweg. Was für eine großartige Möglichkeit, von Jesus zu
sprechen! Welche Verantwortung, ihm den Weg zum Leben
zu zeigen! Vielleicht bist Du der einzige Christ, dem er je
begegnet.

Ob Du heiraten können wirst? Klar, wenn Gott Dir die
richtige Frau schenkt. Weißt Du, wenn Du eine
verständnisvolle und einfühlsame Partnerin findest, mag das
für Dich eine glücklichere Ehe und größere Erfüllung
bedeuten, als Du je für möglich gehalten hast. Deine
homosexuelle Vergangenheit braucht kein Hindernis zu sein.
Ich glaube, daß es in jeder Ehe sowohl positives als auch
negatives Startkapital von der Vergangenheit her gibt. Du
solltest allerdings Deine Situation mit dem Mädchen klar
besprechen, bevor Ihr eine engere Verbindung eingeht.

Als neue, originale Persönlichkeit, erneuert durch Gottes
Schöpferhand, hast Du alle Möglichkeiten und
Voraussetzungen für eine gute Ehe.

Aber Du brauchst Dich nicht zwanghaft in eine solche
Verbindung zu stürzen, etwa, um Dir zu beweisen, daß Du
wirklich frei bist. Unsere Freiheit ist begründet in Jesus

Christus und braucht keine Krücken. Er wird Dich richtig führen. Wir brauchen in unserer kaputten Gesellschaft christliche, vom Geist Christi regierte Familien, die einsamen, orientierungslosen Menschen ein Stück Heimat und Geborgenheit geben können; genauso dringend brauchen wir ledige Männer und Frauen, die sich ganz in den Dienst des großen Königs stellen.

Du darfst in allem auf Jesus vertrauen. Der in Dir angefangen hat das gute Werk, der wird es auch vollenden auf den Tag Christi.

Ihn wollen wir verherrlichen durch unser Leben — und wenn es sein soll, durch unseren Tod —, bis er wiederkommt.

Ihm sei Preis und Dank!

Dein Bruder durch Jesus

Christian.

GRUNDSÄTZLICHES

1. Wer ist Jesus?

Eine grundlegende Frage

Es mag manchem Leser vielleicht seltsam erscheinen, in einem Buch über Homosexualität ein Kapitel über die Person Jesu Christi zu finden. Ich glaube aber, daß die Überlegung, wer Jesus ist, für die gesamte Diskussion der Homosexualität von entscheidender Wichtigkeit ist. Von der Beantwortung dieser Frage nach Jesus wird auch die Bewertung des Fragenkreises um die Homosexualität abhängen. Es geht also darum, einen gültigen Maßstab für unser Denken und Leben zu finden.

War Jesus der, der er zu sein behauptete, die Brücke zu Gott, die gültige Offenbarung Gottes in der Geschichte?

Oder war er nur ein, wenn auch großer, so doch zeitgebundener Sittenlehrer der Menschheit? Sind seine Aussagen und die der von ihm beauftragten Boten bindend für uns?

Ich möchte in kurzen Zügen, soweit es für das Thema dieses Buches von Bedeutung ist, die Konsequenz der jeweiligen Antwort skizzieren:

Jesus — nur ein Mensch?

Wenn Jesus nur ein Mensch war und somit lediglich in die Reihe der großen Männer der Geschichte eingereiht werden muß, zusammen mit Religionsstiftern, Staatsmännern, Dichtern und Erfindern, so sind wir in der Frage nach Gott alleingelassen. Es gibt keine Brücke, die ins Jenseits führt. Gott ist unerreichbar. So sind auch die Fragen nach dem Sinn des Lebens, des Sterbens, des Leidens für uns unlösbar. Dann müssen wir uns zur Lebensbewältigung ein Selbsthilfeprogramm basteln, das eine je nach Charakter verschiedene Ausprägung haben wird. Aber wie gut auch unsere Versuche, uns mit unserer Wirklichkeit zu arrangieren, sein mögen — wir kommen nicht über die sichtbare, mit unseren Sinnen erfaßbare Welt hinaus. Es gibt keine Antwort auf Woher und

Wohin. Die letzten Seinsfragen bleiben ungelöst. Gott ist der ewig Unerreichbare.

Dann ist es allerdings konsequent, unser kurzes Leben hier voll zu genießen, herauszuschlagen, soviel nur irgend möglich ist. Dann haben wir keine Zeit zu verlieren; wir leben nur einmal und sind nur einmal jung.

Kein gültiger Maßstab?

Eine weitere Konsequenz: Wenn Gott nicht ist, wenn er sich uns jedenfalls nicht erschlossen hat, gibt es keine moralischen Maßstäbe. Es gibt kein Gut und Böse. Gut ist, was mir nützt. Oder dem anderen, wenn er stärker ist. Es gibt kein absolutes Gutes, von dem her wir einen Maßstab an das Verhalten des einzelnen und der Gesellschaft legen könnten.

Ich kann auch einem anderen nicht sagen: Was du tust, ist schlecht! Zu einer solchen Aussage fehlt der feste Punkt, von dem aus geurteilt wird. Alles ist relativ.

Die Tatsache jedoch, daß jeder Mensch zwangsläufig moralisch urteilt, viele Male an jedem Tag, sollte uns zum Nachdenken bewegen. Warum urteilen wir? Warum bewerten wir unsere und anderer Menschen Handlungen? Es ist für die Frage unbedeutend, welchen Maßstab wir haben. Ich meine noch gar nicht den Maßstab der Bibel. Die Tatsache allein, daß wir immer in moralischen Kategorien denken und Werturteile anlegen, läßt die Existenz eines absoluten Guten — und auch eines unbedingt Bösen — höchst wahrscheinlich werden.

Warum gerade Jesus?

Nun fragt vielleicht jemand, warum gerade Jesus derjenige sein soll, der uns den gültigen Maßstab bringt, der den das Ewige verhüllenden Nebel aufreißt. Ich kann hier keine erschöpfende Beantwortung dieser Frage liefern, möchte aber einige Denkanstöße geben.

Sein Absolutheitsanspruch

Schon ein kurzer Blick in die Religionsgeschichte genügt, um zu erkennen, daß kein anderer Religionsgründer die Aussagen über seine Person zu machen wagte, die Jesus mit der größten Selbstverständlichkeit über seine Herkunft und Zukunft machte. Er bezeichnete sich selbst als identisch mit dem Schöpfergott (Johannes 14, 9; 8, 58). Er ließ es zu, daß Menschen ihn anbeteten, was nach dem Alten Testament allein Gott zukommt. Er behauptete, der einzige Weg zum Vater, zum Ursprung aller Dinge zu sein (Johannes 14, 6).

Ein Leben, das überzeugt

Nun könnte man vielleicht sagen, diese Selbstaussagen Jesu über sich seien Anmaßung, bewußte Lüge, oder, daß er wahnsinnig war. So einfach ist das jedoch nicht. Sein Leben spricht eine andere Sprache. Er heilte die Kranken, nahm die Ausgestoßenen in seine Gemeinschaft auf und war gerecht in allen seinen Urteilen. Als er einmal seine Gegner aufforderte, ihn einer unrechten Tat zu bezichtigen, konnten sie keine finden.

Wer wird Herr sein?

Die gesamte Kontroverse spitzte sich bei seiner Kreuzigung zu. Als ihn das Gericht verhörte und massenweise bezahlte Zeugen anbrachte, konnte man dennoch nichts finden, aufgrund dessen Jesus hätte verurteilt werden können. Zuletzt stellte der Hohepriester, der die höchste religiöse Autorität darstellte, die entscheidende Frage: „Bist du Christus, der Sohn des lebendigen Gottes?" Jesus antwortete: „Du sagst es selbst."

Allen Versammelten war klar, daß auf diesen unerhörten Anspruch nur zwei Reaktionen möglich sind. Entweder fällt man auf die Knie und sagt: Ja, Jesus, du bist der Herr der Welt, und du sollst auch der Herr in meinem Leben sein! Oder die andere Reaktion: Weg mit ihm! Ich will mit diesem Jesus nichts zu tun haben. Das war die Antwort der religiösen Oberschicht damals. Sie schafften ihn aus dem Weg. Er paßte nicht in ihre Pläne.

Jeder von uns ist vor dieselbe Entscheidung gestellt. Was wird deine Antwort auf Jesus sein?

Was keiner erwartete

Jesus blieb nicht im Grab. Am dritten Tag nach seiner Kreuzigung geschah das Einzigartige, das in der Weltgeschichte keine Parallele hat: Jesus besiegte den Tod. Er erwies sich als der Lebendige, dem der Vater die Autorität über die ganze Welt unterstellte. Als seine Gegner glaubten, endgültig mit ihm fertig zu sein, vernichtete er die Macht des Todes und der Vergänglichkeit.

Neue Menschen

Seine engsten Freunde, die ihn einige Tage vorher verlassen hatten und geflohen waren, wurden von Grund auf verändert, als sie dem Auferstandenen begegneten.

Aus mutlosen, verstörten Leuten, die an ihre Arbeit als Fischer und Bauern zurückgehen wollten, wurden unerschrockene Zeugen der neuen Wirklichkeit. Sie trugen innerhalb von wenigen Jahren die Botschaft von der Auferstehung Jesu bis an den Kaiserhof in Rom und bekräftigten oft ihre Zeugenaussage mit dem Märtyrertod. Die Nachfolger Jesu veränderten in kurzer Zeit das Gesicht der römischen Gesellschaft. In einer verfallenden Kultur war ihr Leben von einer Qualität gekennzeichnet, die ihre Zeitgenossen in Erstaunen versetzte. Ein römischer Geschichtsschreiber, Sueton, kommentierte: „Seht nur, wie sie einander lieb haben!"

Ein frühes Dokument

Etwa zwanzig Jahre nach der Auferstehung schrieb Paulus, der früher selbst ein fanatischer Christenverfolger gewesen war: „Christus ist gestorben für unsere Sünden gemäß den Voraussagen der Schrift. Er ist begraben worden und am dritten Tage gemäß der Schrift auferstanden und ist gesehen worden von Kephas (Petrus), dann von den Zwölfen. Darauf ist er gesehen worden von mehr als fünfhundert Brüdern auf einmal, von denen der größte Teil bis jetzt noch lebt, einige aber entschlafen sind. Darauf ist er von Jakobus gesehen worden, dann von allen Aposteln. Zuletzt von allen habe ich ihn gesehen . . ." (1. Korinther 15, 3—8).

Diese Aussagen waren nachprüfbar. Man konnte mit diesen Leuten sprechen. Selbst die erbittertsten Feinde der neuen Lehre konnten die Tatsache des leeren Grabes nicht leugnen. Genauso stand es mit den Wundern Jesu. Sie waren vor den Augen des ganzen jüdischen Volkes geschehen.

Unzulängliche Erklärungsversuche

In zeitgenössischen jüdischen Schriften erfand man daher die Erklärung, Jesus sei ein Magier gewesen, der seine Zauberkräfte in Ägypten gelernt habe. Genauso entstand früh die Theorie, die Jünger hätten den Leichnam Jesu gestohlen, während die Wachsoldaten schliefen. Eine sehr unwahrscheinliche Geschichte. Auf Posten einzuschlafen, kostete einem Soldaten das Leben. Und wenn sie sogar alle zusammen schliefen, woher wußten sie dann, daß die Jünger den Leichnam stahlen?

Überzeugt durch persönliche Begegnung

Die Realität Jesu kann von jedem Menschen im persönlichen Leben erfahren werden. Im Laufe der Geschichte gab es Hunderttausende von Menschen, die bezeugten, Jesus Christus begegnet zu sein. Nicht nur, daß sie von seiner Lehre berührt worden seien, sondern, daß sie ihm selbst begegnet waren. Auch heute finden sich in allen Nationen, allen sozialen Schichten und Berufen Menschen, die die verwandelnde Kraft Jesu in ihrem Leben erfahren haben. Ich gehöre auch dazu. Er lebt. Und er wird nach dem Zeugnis der Schrift wiederkommen. Dann wird es allen klar sein, daß er wirklich die Schlüsselperson der Weltgeschichte ist. Wir werden unser Leben, unser Denken, Reden, Tun und Lassen vor ihm verantworten müssen.

Liebe wird zur Tat

Jesus lädt uns ein zu einer Begegnung mit ihm. Wer sich ihm öffnet, wird erfahren, daß seine Liebe unendlich groß ist. Es ist keine sentimentale, weichliche Liebe, sondern eine feste, starke, konkrete Zuwendung zu uns. Jesus ist praktisch in mein Leben eingetreten und hat seine Gegenwart unwiderruflich bewiesen. Die Bibel sagt an einer Stelle: „Niemand hat größere Liebe, als daß er sein Leben läßt für seine Freunde." Das hat Jesus getan, ja noch mehr. „Gott zeigt seine Liebe zu uns darin, daß Christus für uns gestorben ist, als wir noch Sünder waren. Durch seinen Tod sind wir mit Gott versöhnt" (Römer 5, 8. 10). Jesus ist in unsere Gottverlassenheit getreten und hat das Gericht Gottes auf sich genommen, das über uns zusammenzuschlagen drohte. Sein Tod ermöglicht Leben in einer sterbenden Welt.

Jesus — der Schlüssel zum Leben
Warum schreibe ich das alles so ausführlich?
Ich glaube, daß Jesus die zentrale Person der Geschichte ist und daß jeder, der ohne ihn lebt, an der Realität vorbeigeht. Wären die Worte Jesu nicht wahr, gäbe es keine Hoffnung für wahre Erfüllung in unserem Leben. Ohne ihn sind wir eingeschlossen in die große Maschine namens Universum, ohne eine Möglichkeit des Ausbruchs ins Freie.
So stellen sich uns nun zwei völlig entgegengesetzte Möglichkeiten der Lebensgestaltung dar:
Entweder sich diesem Jesus zu stellen, seine Vergebung anzunehmen und mit ganzer Hingabe für ihn zu leben, seinem Befehl mit den ganz praktischen Konsequenzen in allen Lebensbereichen zu gehorchen.
Oder — ohne Jesus in eigener Regie sein Leben zu bauen.

Ein unüberbietbares Angebot
Ich habe den Eindruck, daß viele Homosexuelle ohne großes Nachdenken leben und handeln, als ob Jesus nicht wäre. Dieses Buch soll niemandem Moral an den Kopf werfen, schon gar nicht eine sogenannte bürgerliche Moral. Es soll keinen verdammen oder schlecht machen. Es soll vielmehr den Weg zu einem mit Freude, Zufriedenheit und Liebe erfüllten Leben zeigen. Es soll die Mauer der Einsamkeit durchbrechen und die Möglichkeit einer Gesundung der kranken Stellen im Leben aufzeigen sowie die Möglichkeit eines radikalen Neu-

anfangs. Es soll helfen, einen Strich durch die Vergangenheit zu ziehen. Es soll den Weg zu dem zeigen, der selbst die Hoffnung für jeden Menschen ist: zu Jesus.

Wenn Du Sehnsucht nach wahrem Leben hast, dann ist dieses Buch für Dich. Wenn Du nach echter Freundschaft und Freude suchst, dann ist dieses Buch für Dich. Jesus sagte einmal: „Wer Durst hat, der komme und trinke sich satt." Er macht Dir ein unüberbietbares Angebot.

2. Eine wichtige Unterscheidung

„Frühmorgens kam Jesus wieder in den Tempel, und alle Leute kamen zu ihm. Er setzte sich und lehrte sie. Da brachten die Schriftgelehrten und die Pharisäer eine Frau zu ihm, die im Ehebruch ergriffen war. Sie stellten sie in die Mitte und sagten zu ihm: Meister, diese Frau ist auf frischer Tat beim Ehebruch ergriffen worden. Im Gesetz hat uns Mose geboten, solche zu steinigen. Was sagst du? Das sagten sie, um ihm eine Falle zu stellen, damit sie ihn anklagen könnten. Aber Jesus bückte sich nieder und schrieb mit dem Finger auf die Erde. Als sie aber beharrlich weiterfragten, richtete er sich auf und sprach zu ihnen: Wer unter euch ohne Sünde ist, der werfe den ersten Stein auf sie. Dann bückte er sich wieder und schrieb weiter auf die Erde. Als sie das hörten, gingen sie fort, einer nach dem anderen, voran die Ältesten, und er blieb allein zurück mit der Frau, die in der Mitte war. Da richtete sich Jesus auf und sprach zu ihr: Frau, wo sind sie? Hat dich keiner verurteilt? Sie aber sagte: Niemand, Herr! Jesus aber sprach: So verdamme ich dich auch nicht, gehe hin und sündige hinfort nicht mehr" (Johannes 8, 1—11).

Wer einmal lügt

Wenn jemand lügt, nennen wir ihn einen Lügner. Wenn einer stiehlt, nennen wir ihn einen Dieb. Wir identifizieren den Täter mit der Tat. Wir legen ihn fest auf die Vergangenheit. Wer einmal im Gefängnis saß, bekommt das deutlich zu spüren. Keiner traut ihm mehr. Ihm wird oft in unbarmherziger Weise die Chance eines neuen Anfangs genommen.

Ich glaube, daß in dieser allgemein üblichen Identifikation von Tat und Täter ein Wahrheitskern steckt. Was wir heute sind, sind wir aufgrund unserer Vergangenheit. Jedes Erlebnis, jede Tat prägt und läßt einen unauslöschlichen Eindruck zurück.

Jesus handelt anders

In dem vorangestellten Bericht sehen wir jedoch, daß Jesus anders handelt als wir. Er nennt das, was die Frau getan hat, klipp und klar Sünde. Daran gibt es nichts zu beschönigen. Aber — er trennt zwischen der Frau und ihrer Tat. Er legt sie nicht fest auf ihre Vergangenheit. Er verurteilt die Tat, nicht den Menschen, der sie getan hat. Das ist eine höchst wichtige Unterscheidung. Das Wort der Vergebung durchschneidet die Fesseln der Gewohnheit. Die Frau wird frei von ihrer Vergangenheit. Das Wort der Vergebung ermöglicht ihr eine ganz neue Lebensweise: „Sündige hinfort nicht mehr!"

Berechtigte Hoffnung

Es ist ein Teil der Hoffnung für unsere Welt und unser persönliches Leben, daß Gott uns nicht festlegen will auf unseren Haß, unsere Kriege, unsere Lieblosigkeit. Er will uns loshauen, freimachen durch sein Machtwort. Die Entscheidung liegt bei uns, ob wir uns an unsere Vergangenheit festklammern wollen, ob wir sie nicht loslassen können, oder — ob wir Gottes Angebot annehmen. Gott zwingt niemanden, nach seinen Maßstäben zu leben. Aber er lädt uns in eine helle Zukunft ein. Er ruft uns, in sein Reich der Freude einzutreten.

Diese Unterscheidung Gottes zwischen der Sünde und dem Sünder gibt uns Luft zum Atmen und Raum zum Leben.

3. Kein bedeutender Unterschied

Alle sind gemeint

Es ist weiterhin offensichtlich, daß die Botschaft dieses Berichtes aus dem Johannesevangelium an zwei Adressaten gerichtet ist: die Sünder und die Religiösen, den Gefallenen und den immer anständig Gebliebenen. Seltsam, vor Jesus schrumpft unsere ganze Anständigkeit zum Nichts zusammen. Wer vor Jesus steht, kann nicht mehr mit dem Finger auf andere zeigen. Er sieht nur noch sein eigenes Unvermögen.

Alle gleich

Das ist ein hartes Wort an uns Christen. Könnte es sein, daß wir so schnell die Homosexuellen verurteilen, weil unsere Begegnung mit Jesus oberflächlich geblieben ist? Wer nicht in seinem eigenen Herzen die Anlagen zu Mord, Gemeinheit und Diebstahl gesehen hat, hat Jesus noch nicht richtig gesehen. Viele von uns sind nur durch ihr Elternhaus und ihre Erziehung vor dem Abgleiten bewahrt worden. Aber nicht jeder hat einen so guten Lebensstart. Wer unbarmherzig auf die Sünden und Schwächen anderer zeigt, hat noch nichts verstanden vom Kreuzestod Christi. Es gilt: „Da ist keiner, der gerecht sei, auch nicht einer. Da ist keiner, der verständig sei, da ist keiner, der Gott suche. Alle sind abgewichen, alle sind untauglich geworden, da ist keiner, der Gutes tue, auch nicht einer. Denn es ist kein Unterschied, denn alle haben gesündigt und erreichen nicht die Herrlichkeit Gottes und werden alle umsonst gerechtfertigt aus seiner Gnade durch die Erlösung, die durch Jesus Christus geschehen ist" (Römer 3, 10—12. 23. 24).

Begnadigte Sünder

Wehe uns, wenn wir durch unsere Unbarmherzigkeit Menschen den Weg zu Gott verbauen! Es besteht kein bedeutender Unterschied zwischen uns Menschen. Wir sind ein Haufen von Sündern, Rebellen gegen Gott, die alle im gleichen Boot sitzen. Und die Erlösten, die Nachfolger, sind nichts weiter als durch Jesus begnadigte Sünder. Sie haben den Außenstehenden nur die Vergebung voraus. Aber die ist zum Leben und Sterben unbedingt nötig!

4. Was heißt hier Sünde?

Keine Stufenleiter

Es ist vielleicht zum besseren Verständnis unerläßlich, den Begriff Sünde hier zu erklären. Im allgemeinen volkstümlichen Sprachgebrauch versteht man unter Sünde vor allem eine einzelne moralische Verfehlung. Und dann wird eingeteilt in besonders schlimme, mittlere und leichte Sünden. Leichte Sünden sind zum Beispiel Notlügen; ein bißchen die Steuererklärung zu frisieren und ähnliche Kavaliersdelikte. Die sexuellen Verfehlungen stehen oder standen zumindest meist ganz oben auf der Liste. Im Bewußtsein vieler ist auch heute noch Homosexualität die Todsünde. Wir haben vor nicht allzu langer Zeit erleben müssen, wie das sogenannte gesunde Volksempfinden neben Juden, Zigeunern, Kommunisten, Bekennenden Christen (Corrie ten Boom, Paul Schneider, Dietrich Bonhoeffer u. a.) auch die Homosexuellen ins KZ wandern ließ.

Diese heuchlerische Unterscheidung verschiedener Stufen der Sünde ist im Licht der Bibel Unsinn. Hier wird Sünde nicht zuerst moralisch verstanden, und eine Rangfolge gibt es schon gar nicht.

a) Sünde als Weltstruktur

Ursprüngliche Harmonie

Die Bibel lehrt, daß Gott die Welt gut geschaffen hat. Es gab keinen Tod, kein Leid, keine Entfremdung zwischen dem Schöpfer und seinem Geschöpf. Der Mensch lebte in innerer Harmonie mit Gott; es war keine marionettenhafte Unterwerfung. Er liebte und wurde geliebt. Der Mensch war ein freies Wesen, geschaffen nach dem Bild des Schöpfers, ausgestattet mit großer Schönheit, Intelligenz und Gefühlskraft.

Rebellion gegen Gott
Das Verhängnis brach herein, als der Mensch sich aufgrund der Möglichkeit freier Willensentscheidung vom Schöpfer abwandte und offene Rebellion anzettelte. Er wollte sein wie Gott, völlig autonom. Er dachte in seinem Wahn, unabhängig von Gott leben zu können und erkannte nicht, daß diese Loslösung vom Urgrund des Seins nur den Tod bedeuten konnte. „Sie haben Gottes Wahrheit verwandelt in die Lüge und haben geehrt und gedient dem Geschöpf mehr als dem Schöpfer" (Römer 1, 25).

Abgeschnitten von der Lebensquelle
Gott hatte dem Menschen klargemacht, daß in dem Augenblick, da er seinen Willen gegen Gott richten würde, die Harmonie der Welt zerstört und der Tod als Folge des Ungehorsams die Gestalt der Welt bestimmen würde. Das war nun geschehen. Der Mensch als Repräsentant der Schöpfung hatte den Lebensnerv zum Schöpfer, zur Quelle allen Seins, abgeschnitten. Von nun an herrschte die Rebellion und der Tod.

Die ganze Schöpfung
Das meine ich mit „Sünde als Weltstruktur". Sünde ist sehr viel ernster, als daß wir sie als kleine menschliche Schwäche oder moralische Verfehlung verstehen könnten. Sünde ist das herrschende Prinzip in unserer Welt. Sünde, das ist Mißtrauen, Neid, Gier, Ausbeutung; sie heißt Krieg, Zerstörung, Unpersönlichkeit in Familien und Völkern; sie heißt Versklavung des Menschen an den Menschen, Versklavung an Dinge. Die ganze Schöpfung ist in die Sünde des Menschen mithineingerissen.

Jetzt soll keiner sagen, das sei nur eine alte Geschichte mit dem Sündenfall. Die Bibel gibt hier eine ernsthafte Beschreibung unserer durch Leid und Zerstörung gebrochenen Wirklichkeit.

b) Sünde als Zerstörungsmacht

Spiel mit dem Feuer

Viele Menschen meinen, mit der Sünde spielen zu können. Sie denken, man könnte mal ein bißchen sündigen und dann wieder aufhören. Wer aber die Macht der Sünde im eigenen Leben klar sieht, merkt, daß Sünde versklavt. Sie schafft Gewohnheiten. Man kann auf einmal nicht mehr anders handeln. Die ursprüngliche Freiheit, ja oder nein zu sagen, geht sehr schnell verloren. Die Sünde breitet sich lawinenartig aus. Eine Unehrlichkeit macht zehn weitere Lügen notwendig, um sie zu decken. Man kommt immer tiefer hinein, vielleicht bis zu dem Punkt, an dem die Stimme des Gewissens schweigt, weil sie durch ständiges Rufen heiser geworden ist und die Ohren ohnehin taub geworden sind.

Versklavte Menschen

Sünde eskaliert. Mißtrauen erzeugt Mißtrauen. Haß erzeugt wieder Haß. Neid zerfrißt das Herz. Und so vergiftet die Sünde das Zusammenleben der Menschen. Er wird zur Maschine, zum Sklaven seiner Triebe und seines Jähzorns. Er kann nicht mehr anders. Die Sünde hat ihn kaputt gemacht und das ursprüngliche Ebenbild Gottes bis zur Unkenntlichkeit verzerrt.

c) Sünde als Trennung von Gott

Sehnsucht nach dem Paradies

Das ist das eigentliche Dilemma des Menschen, daß er von Gott getrennt ist. Wir haben noch eine Erinnerung an die ursprüngliche Einheit und sehnen uns danach zurück. Ich glaube, daß alles Streben nach Vereinigung, nach letzter Einheit, die „große Sehnsucht", wie sie uns in der Mystik aller Zeiten oder auch in der deutschen Romantik mit ihrem Fernweh entgegentritt, hier ihren eigentlichen Ursprung hat. Viele meiner homosexuellen Gesprächspartner sagten mir, daß sie im Grunde immer den Einen suchen, der ihre Einsamkeit wegnimmt, der sie ganz versteht. Und daß sie die letzte Einheit suchen und doch nicht finden können. Hier ist meiner Meinung nach vieles, was sexuell ausgedrückt wird, nichts anderes als Sehnsucht nach Gott.

Suche erfolglos abgebrochen

Sünde ist, wenn wir unseren gefallenen Zustand zur Norm erklären; wenn wir uns abfinden mit der Trennung von Gott; wenn wir nicht mehr auf der Suche nach dem Vaterhaus sind, sondern uns begnügen, in der Fremde unser kärgliches, liebearmes Leben zu fristen. Das ist der Fehler der modernen Existentialisten, daß sie die Absurdität des Daseins, die „kosmische Einsamkeit", konservieren. Ihnen fehlt die Dynamik der Hoffnung, das Wissen um den Gott, der in die Geschichte eingreift.

Wir haben gesehen, wie ernst es mit dem Menschen steht. Keine Sünde ist wesensmäßig harmloser oder schlimmer als die andere, denn jede Sünde trennt von Gott. Das ist auch das Urteil über homosexuelles Verhalten.

Der Drahtzieher im Hintergrund

Noch eins: Wenn die Bibel über den Ursprung der Sünde spricht, so wird klar, daß es sich hier nicht um einen schwammigen, unbestimmten Einfluß handelt, sondern daß hinter der Sünde ein persönlicher, gottfeindlicher Wille steht. Die Bibel nennt ihn Satan, Versucher, Feind, Widersacher, Verkläger der Brüder, Vater der Lüge, Mörder von Anfang an. Er haßt alles, was von Gott kommt: das Leben, den Frieden, die Freiheit. Seine letzte Absicht ist die totale Zerstörung, das völlige Chaos.

Hier sehen wir den ganzen Ernst der Lage: Sünde gibt dem Satan ein Anrecht auf uns. Wer die Waffen Satans benutzt — Lüge, Mord, Betrug, Unreinheit —, muß ihm den Tribut zahlen. Der Mensch ohne Gott ist im Herrschaftsbereich des Feindes, der diese Welt in seinen unerbittlichen Klauen hält.

Lebensrettende Operation

Gott sei Dank, daß die Bibel unseren Zustand so klar und kompromißlos beschreibt, nicht, um uns zu verdammen, sondern um uns zu helfen. So wie ein Arzt eine Krankheit erst diagnostizieren muß, um heilen zu können, legt Gott seinen Finger auf die dunklen Punkte in unserem Leben nur in der Absicht, zu helfen und zu heilen. Er will das Zerstörende in unserem Leben wegschneiden, so daß sich das Gift nicht weiter ausbreiten kann. Er will die Trennung aufheben, die zwischen seinem Geschöpf und ihm besteht. Er hat dazu Jesus geschickt, der unsere Krankheit und unsere Sünde auf sich nahm und uns so von der Macht der Vergangenheit befreit. „Dazu ist der Sohn Gottes offenbar geworden, daß er die Werke des Teufels zerstöre" (1. Johannes 3, 8). Es ist ein Stärkerer gekommen. Er hat den Feind endgültig besiegt.

Und Gott will schließlich die Weltstruktur erneuern. Sein Wort verheißt einen neuen Himmel und eine neue Erde, in denen Gerechtigkeit herrscht. Wer hier sein Leben der Führung Gottes anvertraut, kann schon jetzt zeichenhaft Erneuerung und Befreiung erfahren. So wird unser erneuertes Leben ein Vorbote der kommenden Welt.

5. Was ist Homosexualität?

Das Wort Homosexualität kommt vom griechischen hómoos, gleich, und dem lateinischen sexus, Geschlecht. Es bedeutet also gleichgeschlechtliche Zuneigung und daraus folgende Wünsche und Handlungen. Der Eros ist auf Personen des gleichen Geschlechts gerichtet. Jeder Mensch kann einen homosexuellen Akt ausführen, auch wenn das nicht seiner eigentlichen seelischen Ausrichtung entspricht. So bei der sogenannten Situationshomosexualität wie zum Beispiel in Kasernen- oder Gefängnissituationen. Beim echten Homosexuellen kommt noch das gesamte seelische Empfinden hinzu. Er erlebt seine Zuneigung zu Personen des gleichen Geschlechts oft als ganz natürlich, als ihm zugehörig. Er kann sich keine Veränderung vorstellen und wünscht in vielen

Fällen auch keine, obwohl immer wieder deutlich wird, daß man das eigene Schicksal keinem anderen wünscht.

Angeboren oder erworben?
Die Frage stellt sich, ob echte Homosexualität erlernbar ist. Homosexuelle Handlungen sind es auf jeden Fall. Ist Homosexualität konstitutionell, ererbt, oder ist sie erworben?
Im vorigen Jahrhundert neigte man dazu, sie als angeboren zu betrachten. Man glaubte sogar, daß der Homosexuelle sich im Körperbau vom Heterosexuellen unterscheidet und machte entsprechende Messungen, um diese Theorie zu belegen. Diese Ansicht findet sich noch heute immer wieder. Ich habe sie in Gesprächen oft als Argument gehört, sowohl von Homosexuellen, die so ihre Verantwortung für ihr Verhalten abschwächen wollten, als auch von allen möglichen Leuten, die mit dem Hinweis: „Der ist eben so!" einen Menschen zum hoffnungslosen Fall erklärten. Der Hinweis auf die Göttin Natur, sprich Schicksal oder Kismet, genügte, und so beugte sich alles ehrfurchtsvoll vor den unabänderlichen Gegebenheiten.
Diese statische Sicht vom Menschen wurde jedoch durch die Tiefenpsychologie — und hier vor allem von Freud — schwer erschüttert. Man versuchte nun, die Homosexualität aus Erziehungs- und Umwelteinflüssen zu erklären, vor allem durch das frühkindliche Erleben. Es werden als mögliche Entstehungsursachen angenommen: starke Mutterbindung bei Fehlen eines positiven Vaterbildes, Angst vor dem weiblichen Körper, Liebesentzug, zerrüttete Familiensituation, frühe Isolation des Kindes und anderes mehr. Die Gründe sind mannigfaltig und oft schwer zu rekonstruieren, zumal man in der Rückschau auf die eigene Kindheit bestimmte Vorfälle vom gegenwärtigen Selbstverständnis her in ganz bestimmter Weise interpretiert. So steht man in der Gefahr, sich seine eigene Kindheitsgeschichte, die zwangsläufig zur Homosexualität führen mußte, selbst zu schaffen. Nach dem heutigen Stand des Wissens ist es sehr wahrscheinlich, daß Homosexualität in den meisten Fällen erworben ist.

Mangelnde Geschlechtsidentifikation

Der Homosexuelle kann sich nicht voll mit der eigenen Geschlechtsrolle identifizieren. Er findet kein volles Ja zu seinem Geschlecht, da er es nie gelernt hat. Er bleibt ein Außenseiter, ist seiner selbst nicht sicher und erlangt daher nicht die seelische Standfestigkeit und emotionale Rückendeckung, die nötig ist, um das Wagnis einer tieferen Beziehung zu einer Person des anderen Geschlechts aufnehmen zu können.

Deshalb verlagert er als Kompensierung — zunächst unbewußt — seine sexuellen Wünsche auf Angehörige des eigenen Geschlechts. Zum Zeitpunkt des Bewußtwerdens kann die Fixierung schon so stark sein, daß es zumindest für den Betroffenen den Anschein haben kann, die Neigung sei angeboren.

Manchmal ist Homosexualität nichts anderes als versteckter Narzismus, das heißt Verliebtsein in sich selbst. Die übermäßige Beschäftigung mit dem eigenen Körper ist oft der erste Schritt zur homosexuellen Gebundenheit. Auch Verführung durch ältere oder gleichaltrige Homosexuelle ist ein ernstzunehmender Faktor. Jedes sexuelle Erlebnis prägt sich tief in das seelische Gefüge ein. Besonders als sexuelles Ersterlebnis kann eine solche Verführung zu einer starken Fixierung führen, die nur noch schwer zu durchbrechen ist. Dennoch soll niemand, der einmal ein solches Erlebnis hatte, meinen oder fürchten, er sei nun für immer darauf festgelegt.

Ich beziehe mich in dieser kurzen Darstellung vor allen Dingen auf männliche Homosexualität. Die Strukturen sind bei weiblicher Homosexualität ähnlich, wenn auch nicht identisch.

Unter Druck ein Doppelleben

Es ist inzwischen sicher klar, daß es keinen „typischen Homosexuellen" gibt. Das Bild, das in den Vorstellungen vieler herumgeistert, stimmt einfach nicht. In allen gesellschaftlichen Schichten, allen Altersstufen und Berufsgruppen gibt es Menschen, die sich mit dieser Neigung auseinandersetzen müssen. Sie sind unsere Nachbarn. Die meisten von ihnen leben unter dem Druck der Gesellschaft ein Doppelleben, ständig fürchtend, von Verwandten oder Arbeitskollegen erkannt zu werden. Äußerlich paßt man sich den Erwartungen seiner Umgebung an, während man andererseits bestrebt ist, sich eine private Sphäre aufzubauen, in der der Homosexuelle ganz „er selbst" sein kann. Hier kann er seinen Neigungen ungestört und unentdeckt nachgehen. So ist er gezwungen, ständig eine Maske zu tragen. Solch eine Doppelexistenz führt oft zu innerer Gespaltenheit.

Zerrissene Menschen
Einsamkeit und Verzweiflung sind die Kennzeichen vieler homosexueller Menschen. Auch bewußt zur Schau getragene Fröhlichkeit kann nur zeitweilig über die eher verzweifelte Grundstimmung vieler Betroffener hinwegtäuschen. Die Angst vor dem Älterwerden, wenn man nicht mehr attraktiv ist, ist sehr verbreitet. So greift der Homosexuelle nach Ersatzmitteln, baut sich eine Scheinwelt auf, in der das Ich und die Befriedigung der eigenen Wünsche im Mittelpunkt stehen, ständig auf der Suche nach dem Partner, der ihm all das an Lebensfreude und Erfüllung gibt, was bei ihm selbst fehlt, der seine Einsamkeit überwindet und ihn so, wie er ist, annimmt und liebt.

Enttäuschte Hoffnungen
Diese Hoffnung wird jedoch immer wieder enttäuscht, und so bleibt für viele nur die Zuflucht zu kaltem, unpersönlichem Sex. Der alternde Homosexuelle muß oft tief in sein Portemonnaie greifen, um nur einige Augenblicke ein bißchen Glück zu genießen. Nicht von ungefähr ist der Prozentsatz versuchter Selbstmorde in Westdeutschland unter Homosexuellen höher als unter der übrigen Bevölkerung.

Abgestempelt?
Es ist klar, daß wir alle mitschuldig sind am Scheitern unserer Mitmenschen. Anstatt in unserer Gesellschaft für ein Klima zu sorgen, in dem jeder angenommen wird und ihm in Offenheit auf dem Weg zu einer ganzheitlichen Persönlich-

keitsreifung geholfen wird, verdrängen wir die schreienden Probleme aus unserem Bewußtsein in den Untergrund und verbannen die Menschen, deren Verhalten nicht unseren Normen entspricht, in ein Außenseiterdasein.

Wir müssen uns hüten, von Menschen nur in Kategorien zu denken. Homosexuelle sind zuerst einmal Menschen. Wer einen anderen nur nach seiner sexuellen Neigung beurteilt und in die entsprechende Schublade einordnet, wirft ein bezeichnendes Licht auf sein eigenes Menschenbild. Jeder Mensch hat Qualitäten, Eigenschaften, einen Wert, der mit seiner Sexualität nicht das Geringste zu tun hat.

Ich habe von daher den Begriff „homosexuell" zur Beschreibung eines Menschen nur mit großem Bedenken in Ermangelung eines anderen Wortes benutzt, weil es mir für das Thema des Buches unerläßlich schien, eindeutig zu sprechen. Ich bin froh, daß wir nicht bei der Situationsanalyse dieses Kapitels stehenbleiben müssen, sondern, daß ich aus eigenem Erleben und dem vieler Freunde von der großartigen Neudefinition unserer Existenz berichten kann, die Jesus ermöglicht. Das Versprechen „Wie viele ihn aufnahmen, denen gab er Macht, Kinder Gottes zu werden" ist die große Lebenschance für alle. Kind Gottes zu sein, ist der höchste Adel. Hier werden alle Unterschiede belanglos.

6. Was sagt die Bibel über Homosexualität?

Die Aussagen der Bibel sind in der Beurteilung homosexuellen Verhaltens eindeutig und klar. Sie sieht es weder als unabwendbares Schicksal noch als Krankheit an, sondern nennt es schlicht Sünde. Die Bibel setzt die Betonung da, wo sie hingehört: auf die Tat, nicht auf die Konstitution.

Altes Testament
Schon im mosaischen Gesetz findet sich folgendes Gebot: „Du sollst nicht mit Männern liegen, es ist ein Greuel" (3. Mose 18, 22). Voran geht ein Verbot, seine Kinder dem heidnischen

Götzen Moloch zu opfern, während der folgende Vers die Unzucht mit Tieren verbietet. Die Gebote des ganzen achtzehnten Kapitels schließen mit der Begründung: „Ihr sollt nicht tun gemäß den greulichen Sitten, die vor euch waren, daß ihr euch nicht damit verunreinigt, denn ich bin der Herr euer Gott!" Das ist der entscheidende Punkt: Sünde ist Rebellion gegen Gott. Sünde verehrt das Geschöpf mehr als den Schöpfer. Im zwanzigsten Kapitel wird das Verbot wiederholt: „Wenn ein Mann beim Mann schläft wie bei einer Frau, die haben ein Greuel getan und sollen beide des Todes sterben, ihr Blut sei auf ihnen" (3. Mose 20, 13). Wieder liegt die Betonung auf der Tat, für die jeder selbst verantwortlich ist. Selbst echte Homosexualität, die zum großen Teil während der frühen Kindheit erworben sein mag, rechtfertigt homosexuelle Handlungen ebensowenig wie echte Heterosexualität einfach Geschlechtsverkehr außerhalb der Ehe rechtfertigen würde.

Neues Testament

Das Neue Testament steht ganz in der Linie des Alten Testamentes. Was im Gesetz als Gottes gültiger Wille offenbart wurde, ist auch für die Ethik der Christen, der Gemeinde, verbindliche Norm. Jesus verschärft in der Bergpredigt sogar noch die Gebote, indem er den Finger auf das legt, was im Menschen vorgeht. Er sagt: „Ihr habt gehört, daß den Alten gesagt ist: Du sollst nicht ehebrechen. Ich aber sage euch: Wer eine Frau ansieht, sie zu begehren, der hat schon mit ihr in seinem Herzen die Ehe gebrochen" (Matthäus 5, 27—28). Er verurteilt sogar den begehrlichen Blick. Dies gilt offensichtlich für das Begehren von Frauen als auch von Männern.

Eine Welt ohne Gott

Schließlich zeigt Paulus, der von Jesus persönlich beauftragte Bote für die Nationen, im ersten Kapitel des Römerbriefes das Bild der von Gott getrennten Welt. Der Mensch ist zum Sklaven seiner Triebe geworden. Sein Hunger nach Macht, sein Jagen nach Lustgewinn verderben das Klima des Zusammenlebens. Paulus nennt Ungerechtigkeit, Mord, Haß, Neid, Hochmut, Unzucht, Klatsch, Angeben, Ungehorsam gegen die Eltern, Lieblosigkeit, wilde Begierde als Kennzeichen der Weltsituation.

Dahingegeben

Am Beispiel der Homosexualität nun führt er aus, wie der Mensch immer tiefer in sündige Abhängigkeit gerät, bis er am Ende völlig unfähig wird, Gottes Stimme zu hören. Die Verbindung ist abgerissen. Er ist eingeschlossen in der Welt — ohne Brücke zum Ewigen. Über dieser Welt steht das schreckliche Wort: „Gott hat sie dahingegeben" (Römer 1,24). Die Menschen sind sich selbst, ihren Begierden und dem Mutwillen der anderen preisgegeben. Gott hat seine Hand abgezogen. Und so empfängt der Mensch am eigenen Leib den Lohn seiner Sünde. Er findet keine Erfüllung. Seine Sehnsucht bleibt ungestillt. Er jagt von einem Erlebnis zum anderen und bleibt im Inneren friedlos. Er erfährt am eigenen Leib, daß ein anderer Mensch nicht sein Tiefstes erfüllen kann. Das kann nur Gott, auf den hin der Mensch geschaffen ist. Und so versinkt er in kaltem Sex. Die Emotionen sterben ab. Er braucht immer stärkere Dosen, um noch ein bißchen Freude empfinden zu können. Und die Seele stirbt den langsamen, qualvollen Tod der Zielverfehlung. Dahingegeben! Das ist das Urteil Gottes über alle Sünde.

Im ersten Korintherbrief beschreibt Paulus dann die letzte Konsequenz: Wenn ein Mensch mutwillig in seiner Sünde beharrt, schließt er sich selbst von Gottes kommendem Reich aus (1. Korinther 6, 9—11). Die Bibel spricht hier kristallklar. Es gibt eine Möglichkeit des endgültigen Ausschlusses aus Gottes Reich. Jesus will uns jedoch einen Neuanfang schenken. Davon wird im Kapitel „Wegweiser zur Freiheit" noch ausführlicher die Rede sein.

7. Leiblichkeit

Die Bibel ist nicht leibfeindlich, wie ihr manchmal von schlecht informierter Seite nachgesagt wird. Paulus schreibt im ersten Korintherbrief: „Wißt ihr nicht, daß eure Leiber Tempel des Heiligen Geistes sind?" (1. Korinther 6, 19). Das war revolutionär: Der Körper als Wohnung Gottes. Um die Tragweite der biblischen Anschauung vom Leib zu verstehen, müssen wir uns bewußt machen, wie ganz anders die damalige heidnische Welt den Menschen verstand.

Die Welt der Griechen

Die Griechen sahen den Leib zur Zeit des Paulus als minderwertig an. Die entscheidenden Dinge spielten sich für sie im seelisch-geistigen Bereich ab. Der Körper war unwichtig. Von dieser Voraussetzung her strebten die Stoiker, die eine der beiden großen philosophischen Schulen der ausgehenden Antike, nach vollkommener Beherrschung des Körpers durch den Geist. Ihr Motto war: Askese! Der Leib war nur die Hülle für den eigentlichen Menschen.

Von demselben Grundgedanken aus kamen die Epikuräer, die große Gegenbewegung der Stoa, zum entgegengesetzten Ergebnis: nicht Askese, nicht vollkommene Selbstbeherrschung, sondern, weil der Körper nicht wichtig ist, heißt die Parole: Lasset uns essen und trinken! Wir können mit unserem Körper alles machen, auch Unzucht treiben, soviel wir wollen; das kratzt unser eigentliches Wesen gar nicht an. Also auch wieder Geringschätzung des Körpers.

Verachtung alles Materiellen

Vollends ist dieser Gedanke in der damals mächtig um sich greifenden Bewegung der Gnosis ausgebildet. Ihre Lehre besagte, daß alles Materielle böse sei, vom Gott der Finsternis geschaffen. Der materiellen Welt stehe eine reine, gute, geistige Lichtwelt gegenüber. Die ganze sichtbare Welt sei also schlecht. Nur im Menschen als einzigem Wesen wohne tief in der Brust ein Lichtfunke aus der Geisteswelt. Diesen Funken müsse man pflegen und nähren, so daß das Göttliche im Inneren immer stärker und der Mensch immer vollkommener werde und er schließlich, befreit von den Fesseln des Körpers, in die rein geistige Lichtwelt eingehen könne. Hier wird alles Körperliche als von Natur aus sündig angesehen.

Der ganze Mensch ist Gottes Schöpfung

In dieser Umgebung mußten die Worte der Bibel wie Sprengstoff wirken: „Gott schuf den Menschen ihm zum Bilde." „Und siehe, es war sehr gut!" Darum Reinheit. Nicht aus ein paar moralischen Erwägungen, nicht aus ein bißchen Anständigkeit heraus. Sondern, weil Gott den ganzen Menschen als Gegenüber will.

Von daher fällt allerdings auf den Mißbrauch des Körpers ein besonders schweres Gewicht. Weil unsere Leiber ein Geschenk Gottes sind, sollen wir sie nicht zerstören durch ungesunde Ernährung oder falschen Gebrauch von Medikamenten. Wir sollen ihn auch nicht mißbrauchen zur Unzucht, die gegen Gottes Schöpfungswillen ist.

Paulus ist kein Moralapostel, sondern ein Apostel Jesu Christi mit der revolutionären Botschaft, daß Gott den ganzen Menschen liebt und daß Jesus den ganzen Menschen aus der Versklavung durch sündige Gewohnheiten befreit.

Ein Christ nimmt seinen Körper dankbar aus Gottes Hand. Er staunt, wie wunderbar er geformt ist. Er lernt, sich selbst anzunehmen und zu lieben, weil Jesus ihn liebt. Er sagt ein volles Ja zu seiner Leiblichkeit, aber läßt sich nicht von ihr versklaven.

Jesus sagt: Wahrlich, wahrlich, ich sage euch: Wer Sünde tut, der ist der Sünde Knecht. Wenn euch nun der Sohn frei macht, so seid ihr recht frei (Johannes 8, 34. 36).
In diesem Kapitel möchte ich das, was in den „Briefen an Dirk" persönlich — seelsorgerlich geschrieben ist, noch einmal im Zusammenhang darlegen:
Es handelt sich bei der Homosexualität um wirkliche Gebundenheiten. Geschlechtsverkehr ist immer bewußtseins- und wunschbildend. Je länger jemand aktiv als Homosexueller gelebt hat, desto tiefer haben sich homosexuelle Wünsche in sein Unterbewußtsein eingegraben.
Wo wirkliche Gebundenheit ist, muß auch die Befreiung ganz real sein. Im Folgenden wird der Weg zu einer ganzheitlichen Befreiung aufgezeigt. Hier werden auch die Möglichkeiten und Grenzen dieser Darstellung deutlich. Sie kann den Weg zeigen, aber gehen muß ihn jeder selbst.

Schritt für Schritt

Es hilft nicht weiter, sich rein gedanklich mit den Möglichkeiten einer Befreiung auseinanderzusetzen. Wer ans Ziel kommen will, muß losgehen. Nur in der Praxis erfährt man, ob ein Weg wirklich ans Ziel führt. Dennoch ist das keine Fahrt ins Blaue. Es sind schon viele den Weg des Vertrauens auf Gottes Wort vorangegangen. Sie haben erfahren: „Wen der Sohn frei macht, der ist recht frei." Sie haben erlebt, daß es bei Jesus Veränderung bis ins Unterbewußte gibt. Ich habe in meinem Leben schon viele Menschen getroffen, die es bereuen, homosexuell zu sein. Aber ich traf noch nie jemanden, der es bereute, den Weg mit Jesus gewagt zu haben.

Der Weg lohnt sich

Solche Menschen sind anderen Wegweiser zur Freiheit. Wer einmal Gottes Wirklichkeit erfahren hat, möchte andere in dieses Erleben mit hineinziehen. Es geht hier um viel mehr als darum, daß ein Homosexueller heterosexuell wird. Gottes Ziel ist eine ganz neue Schöpfung: Aus Kindern des Zornes sollen Söhne und Töchter Gottes werden. Christus, seine Liebe, seine Demut, seine Reinheit und alles, was er ist, soll in uns Gestalt gewinnen. Wir dürfen zu Jesus-Menschen werden.

Fundament der Freiheit

Es gibt für jeden Homosexuellen die feste Hoffnung, sein Problem zu bewältigen, selbst wenn sein ganzes Leben davon bestimmt ist. Diese Hoffnung auf ein befreites Leben gründet sich allein auf Jesus Christus und seinen stellvertretenden Tod für uns. Er starb, damit wir befreit leben können. Er macht uns frei von unserer Schuld. „Das Blut Jesu Christi reinigt uns von aller Sünde" (1. Johannes 1, 7). Das ist das Zentrum der Botschaft der Bibel.

Die Freiheit, die Jesus gibt, ist eine dreifache:
— Freiheit von der Last der Sünde,
— Freiheit von uns selbst, der Meinung der Umwelt und von den Umständen,
— Freiheit von dem Zwang, sündigen zu müssen.

Weder besondere Glaubensleistungen noch irgendwelche Methoden oder psychologische Tricks geben also ein tragfähiges Fundament, sondern allein Jesus. Er kann wahrhafte Hilfe anbieten, da er nicht an den Symptomen herumdoktert, sondern das Übel an der Wurzel anpackt. Er macht das Herz, das Personzentrum des Menschen, neu. Das tut er dadurch, daß er das Urteil über unser schuldig gewordenes Leben am Kreuz auf sich genommen hat. Wer zu dieser Stellvertretung Jesu ja sagt, für den gilt das Wort des Paulus als großartige Chance: „Er ist für alle gestorben, damit sie, die leben, hinfort nicht mehr für sich selbst leben, sondern für den, der für sie gestorben und auferstanden ist" (2. Korinther 5, 15).

Schritte zur Freiheit

Obwohl also die Befreiung und die Kraft zum neuen Leben nicht Produkte unserer eigenen Leistung sind, gibt es doch einige wichtige Schritte auf dem Weg in ein befreites Leben.

Eingeständnis der Schuld

Selbst wenn vieles in der Entwicklung zur Homosexualität außerhalb der Verantwortung des einzelnen Betroffenen gestanden haben mag wie zum Beispiel Kindheitserlebnisse und Familienverhältnisse, so gibt es dennoch einen Punkt, an dem er sich klar wird über seine Neigung, die Konsequenzen absehen kann und wählen muß. Vielleicht war der einzelne zu diesem Zeitpunkt schon so tief in homosexuellem Empfinden, daß er dem Druck nicht widerstehen konnte und deshalb keine Freiheit zur Entscheidung zu haben glaubt.
Jedoch von dem Augenblick an, wo er von der umwandelnden Kraft Jesu hört, ist er verantwortlich für seine weitere Lebensgestaltung. Was er aus eigener Kraft nicht kann, wird möglich durch die Kraft des Sohnes Gottes, die auch sein Leben erneuern will. Deshalb ist Verharren in homosexuellem Verhalten Sünde. Wer von der Homosexualität befreit werden will, muß sich selbst und Gott seine Schuld eingestehen und aufhören, sie auf andere abzuschieben.

Radikaler Bruch

Es ist ein entscheidender Wendepunkt im Leben eines Menschen, wenn er seine persönliche Schuld vor Gott erkennt und sie ihm bekennt. Es ist außerordentlich hilfreich, dieses Bekenntnis in Gegenwart eines vertrauenswürdigen Seelsorgers festzumachen, der auch weiterhin bei der Neuordnung des

Lebens beratend und unterstützend zur Seite steht. Meiner Erfahrung nach ist dieses Herauskommen aus der Heimlichkeit in die Offenheit, dieses Ablegen der Maske vor einem Menschen, der Jesus gehört, oft der eigentliche Durchbruch. Der andere ist Zeuge dessen, was zwischen Gott und mir vorgeht. Wenn mir Zweifel kommen an der Echtheit meiner Lebensübergabe an Christus, so kann der andere mich stärken. Dieser Schritt ist also sehr wichtig und sollte ganz bewußt vollzogen werden. Laß Dir ruhig Zeit dabei!

Hier ist ein Gebet, das Dir vielleicht bei diesem entscheidenden Schritt helfen kann. Es kommt Jesus nicht auf die Worte, sondern auf die Aufrichtigkeit des Herzens an:

Ein Gespräch mit Jesus

Jesus sagt: „Wer zu mir kommt, den werde ich nicht hinausstoßen" (Johannes 6, 37).

Herr Jesus,
Du kennst mich. Meine Zweifel. Meine Fragen. Meine Einsamkeit. Du kennst auch meine Schuld, die Homosexualität, in der ich gefangen bin.
Ich habe rebelliert gegen Dich und Dein Gebot. Ich bin schuldig geworden an Dir und an vielen Menschen. Ich habe Dich nicht gesucht. Herr, ich bitte Dich, vergib mir!
Dein Urteil über mein Leben ist richtig. Ich will nicht mehr vor Dir fortlaufen.
Jesus, ich will Dir danken, daß Du mich liebst.
Danke, daß du ja zu mir sagst und mich annimmt, wie ich bin. Danke, Herr, daß Du am Kreuz für mich gestorben bist und jetzt der Weg zu Gott wieder frei ist. Du bist selbst der Weg. Du weißt auch, wie oft ich versucht habe, allein mit mir fertig zu werden und es nicht geschafft habe. Übernimm Du jetzt die Regie in meinem Leben. Verändere mich und ordne mein Leben neu. Herr, reinige auch mein Unterbewußtsein von allen schlechten Einflüssen.

Ich will Dir jetzt zur Verfügung stehen, tun, was Du sagst.
Rede bitte jeden Tag neu mit mir, damit ich Deinen Willen
tun kann.
Danke, Herr, daß Du mich von der Homosexualität befreit
hast. Danke, daß ich in Dir einen festen Halt habe. Du wirst
mich nicht mehr loslassen.
Ich bin schwach; aber Du bist stark, Jesus, mein Herr.
Du willst selbst für meine Zukunft garantieren. Ich danke Dir
dafür.
Ich will Dir folgen, wo Du auch hingehst. Du bist mein Herr.
Was auch geschehen mag — ich gehöre zu Dir.
Amen.

Wer so betet, gibt Gott recht in seinem Urteil über die Sünde.
Er stellt sich auf die Seite Gottes und versucht nicht mehr,
sein Verhalten zu rechtfertigen. Er versucht auch nicht mehr
aus eigener Kraft, mit seinem Problem fertigzuwerden. Er läßt
Jesus in alle Bereiche seines Lebens herein. Er übernimmt jetzt
die Verantwortung — auch für dieses Problem.

Mit Jesus verbunden

Etwas ganz Neues fängt an. Gottes Kraft ist immer da und
arbeitet an der Genesung all dessen, was niedergedrückt und
zertreten ist. Der Christ gehört nicht mehr sich selbst, sondern
Christus. Auch sein Körper, seine Gedanken und Handlungen. Von nun an darf es keine homosexuellen Begegnungen
mehr geben. „Wißt ihr nicht, daß eure Körper Glieder am
Leibe Christi sind?" schreibt Paulus an die Korinther (1. Korinther 6, 15). Und dann führt er aus, daß jeder, der zu Jesus
gehört, so mit ihm verbunden ist, daß er „ein Geist" mit ihm
ist, weil Christus durch den Heiligen Geist in seinem Herzen
Wohnung genommen hat. Sollte nun jemand, der so mit Christus zusammengebunden ist, mit seinem Körper Unzucht
treiben? (1. Korinther 6, 15—20).

Absolute Reinheit

Gott gebietet und ermöglicht Reinheit durch sein Wort. Obwohl die Anfechtungen und Versuchungen noch die gleichen sein mögen, hat die Sünde doch ihre Macht verloren. Man muß nicht mehr der Versuchung nachgeben, man kann widerstehen. Für das Verhalten heißt das praktisch:

Fasse den festen Entschluß, nie mehr in die Homosexualität zurückzukehren, auch nicht in Gedanken und Vorstellungen. Brich sofort alle homosexuellen Kontakte ab, am besten per Brief oder Telefon. Kein privates Treffen mehr, da gewohnte Umgebung und Situationen besonders in der ersten Zeit nach der bewußten Abkehr eine geballte Versuchung für Dich darstellen würden.

Laß der Freiheit Raum und Zeit zur neuen Entfaltung und begib Dich nicht unbedacht, vielleicht sogar aus missionarischem Eifer, in Gefahr. Der beste Dienst, den ein von Jesus Befreiter seinen homosexuellen Freunden tun kann, ist der, selbst ganz fest und eindeutig in der Freiheit zu stehen.

Meide Orte, wo Homosexuelle sich treffen.

Vernichte alle homosexuelle Literatur.

Stelle jeden Tag unter die Führung Jesu. Bitte ihn um Kraft, in der Freiheit zu bestehen.

Umlernen

Wer durch die Annahme der Vergebung ein neues Lebensfundament gefunden hat, hat nun täglich und stündlich im Gebet Zugang zu Gottes großen Kraftreservoirs zur Bewältigung seiner Aufgaben und Schwierigkeiten. Dennoch belasten ihn von seiner Vergangenheit her Gewohnheiten, Gefühlsabläufe und Denkweisen, die sich tief in seine Persönlichkeit eingeschliffen haben und sich selbst auf die Art zu reden und sich zu bewegen auswirken können. Es kommt nun darauf an, im Licht der Wahrheit Gottes, wie wir sie in der Bibel vor uns haben, diese Vergangenheit aufzuarbeiten, alte, schlechte Gewohnheiten abzulegen und neue einzuüben. Das erfordert Willensanstrengung, Geduld mit sich selbst, ein intensives Aufnehmen des Wortes Gottes und ein großes Vertrauen zu Gott. Paulus fordert uns zu dieser Arbeit an uns selbst auf: „Stellt euch nicht mit der Welt gleich, sondern verändert euch durch die Erneuerung eures Sinnes, auf daß ihr prüfen möget, was Gottes Wille ist, nämlich das Gute und Wohlgefällige und Vollkommene" (Römer 12, 2).

Der Befreite muß lernen, gesunde, nicht-erotische Beziehungen zu Angehörigen seines eigenen Geschlechts aufzubauen, sowie ein offenes, unverkrampftes Verhältnis zu Menschen des anderen Geschlechtes zu finden. Wichtig ist auch, das Verhältnis mit den Familienangehörigen zu ordnen. Hierzu gehört ebenso die Lösung von unnatürlichen, falschen Bindungen wie das Wiederaufnehmen abgebrochener Kontakte. Als Menschen, die durch Christus versöhnt sind, sollen wir die Versöhnung mit allen suchen und auch denen von Herzen vergeben, die unserer Meinung nach an uns schuldig geworden sind.

„Die Jesus-Alternative", so heißt dieses Buch. Im Titel soll schon ausgedrückt werden, daß es eine Alternative gibt. Es ist eine echte Alternative und die einzige. Aus einem Homosexuellen wird ein Christusmensch, ein „Christianos", ein Jünger Jesu, dessen Lebensziel es ist, Jesus Christus zu verherrlichen. Er lebt nicht mehr für sich selbst, sondern wird von Gott zum Dienst an anderen Menschen beauftragt. Er soll wie Jesus Lastenträger werden.

Diese Lebenssicht ist das genaue Gegenteil jedes irgendwie gearteten Egoismus — auch des homosexuellen Bezogenseins auf sich selbst und die Befriedigung der eigenen Bedürfnisse. Freiheit heißt also zweierlei:

1. Freiheit von der Sünde und gleichzeitig
2. Freiheit zum Dienen.

Solch ein Leben ist nicht leicht; es ist nur möglich in der totalen Abhängigkeit von Jesus. Er ist der einzige Herr, der den Menschen nicht versklavt, sondern ihm immer Entscheidungs- und Handlungsfreiheit läßt.

So wie Essen, Schlafen und Atmen Lebensäußerungen des körperlichen Lebens sind, hat auch das Christusleben bestimmte Merkmale, an denen man erkennen kann, ob es sich in gesunden Bahnen entwickelt oder nicht.

Das Leben der Christusjünger äußert sich:

In der Liebe zu Gott

Gott versteht jeden einzelnen in seiner besonderen Situation und ist bereit zu helfen. Seine Hilfe wurde so konkret, daß er in Jesus für uns zur Sünde wurde und uns so selbst den Weg zurück zu sich und zur Gesundwerdung unseres Lebens zeigte.

Weil er uns so sehr liebt, werden Dankbarkeit, Vertrauen und Liebe die Grundelemente des neuen Lebens sein. So werden wir zurückversetzt in die ursprüngliche Beziehung der Liebe zwischen Schöpfer und Geschöpf.

Im aufmerksamen Hören auf Gottes Wort

Wo früher die Beschäftigung mit den eigenen Problemen und homosexuellen Gedanken das Denken in Anspruch genommen hat, soll jetzt Gottes Wort weiten Raum haben. Das ist vielleicht der wichtigste Punkt überhaupt. Wer sich nicht täglich Zeit nimmt, in der Stille auf Gottes Stimme zu hören, wird bald merken, wie sein geistliches Leben verflacht, wie die Kraft zur Bewältigung des Alltags versiegt und Jesus in die Ferne rückt. Jesus nennt die Treue im Hören auf sein Wort das entscheidende Merkmal der Christen überhaupt: „Wenn ihr bleiben werdet an meiner Rede, so seid ihr in Wahrheit meine Jünger und werdet die Wahrheit erkennen, und die Wahrheit wird euch frei machen" (Johannes 8,31.32). Es gibt keine andere Grundlage, keine andere Autorität als Gottes Wort. Nur hier wird uns Vergebung der Sünde, Freiheit von Gebundenheiten und lohnendes Leben verheißen. Gottes Wort zeigt uns den Weg. „Wie wird ein junger Mann seinen Weg unsträflich gehen? Wenn er sich hält an dein Wort" (Psalm 119, 9).
Neben dem intensiven Aufnehmen der Botschaft der Bibel habe ich das Lesen guter Bücher als eine große Hilfe für das Leben als Christ empfunden. Ich weise im Literaturverzeichnis auf einige hin, die für das Thema von Bedeutung sind.

In der Selbstannahme

Ein unbedingtes Ja zu sich selbst ist als Voraussetzung einer Heilung der wunden Stellen in der Persönlichkeit und des

Aufbaus eines gesunden Selbstwertgefühls unerläßlich. Weil Jesus uns annimmt, dürfen wir lernen, uns selbst rückhaltlos anzunehmen. Wir dürfen ja sagen zu unserem Körper, unserer Erziehung, unseren Lebensumständen, unseren Schwächen und Krankheiten. Wir dürfen lernen zu sagen: „Ich preise dich, daß ich so unbegreiflich wunderbar geschaffen bin, wunderbar sind deine Werke, und meine Seele weiß das wohl" (Psalm 139, 14). Als Leute, die ihren Wert in Jesus gefunden haben, brauchen wir uns weder krampfhaft vor den Menschen zu verstecken noch uns selbst ständig suchen. So lernen wir rechte Selbstliebe anstatt Selbstsucht.

In der Selbstdisziplin

Die Neuheit des Lebens wird sich in den praktischen Alltagsdingen bewähren. Unser Körper, unsere Gesundheit und die Zeit sind Gaben Gottes an uns, mit denen wir nicht leichtfertig umgehen dürfen. Ausreichender Schlaf, vernünftige Ernährung, geregelte Arbeit und Ausgleichssport sind ebenso geistliche Notwendigkeiten wie regelmäßiges Bibellesen, Reden mit Gott im Gebet und Teilnahme an den Zusammenkünften der Christen.
Selbstannahme und Selbstdisziplin sind letztlich nur die zwei Seiten einer Medaille.
In meiner Erfahrung hat sich Fasten als Hilfe zur Selbstdisziplin gut bewährt. Fasten, das heißt totaler Nahrungsverzicht für einen, drei, sieben oder mehr Tage. Trinken sollte man auf jeden Fall. Solch ein freiwilliger Verzicht kann vor wichtigen Entscheidungen oder in Zeiten starker Anfechtung dazu beitragen, daß man die richtige Perspektive wiedergewinnt. Man bekommt Zeit und Freiraum zur vermehrten Konzentration auf Gott. Es gibt gerade für den ehemaligen Homosexuellen Zeiten, wo er auch durch den äußeren Nahrungsverzicht wird deutlich machen müssen, daß er sich mit seiner ganzen Existenz den Händen Gottes anvertraut. Natürlich kann auch ein zeitweiliger Verzicht auf bestimmte

Dinge wie Fernsehen, Plattenhören und ähnliches als Fasten im weiteren Sinne bezeichnet werden.

Fasten ist nicht eine erzwungene, sondern eine freiwillige Sache. Dadurch unterscheidet es sich wesentlich vom Hungern. Wer krank ist, sollte natürlich nicht fasten.

Noch eins: Fasten schafft uns keinen Verdienst vor Gott, etwa, daß wir ihn zwingen könnten, unsere Gebete zu erhören. Das ist heidnisches Denken. Aber das Fasten ist eine Hilfe für uns, weil wir heraustreten aus den normalen Alltagsbezügen und in der Stille neue Kraft schöpfen können.

In der Gemeinschaft mit anderen Christen

Jeder Glaubende ist eingebettet in die weltweite Bruderschaft der Gemeinde Jesu, die als Ganzes den Leib Christi bildet. In diesem Organismus ist jedes einzelne Glied wichtig und unersetzlich, hat besondere Gaben und Schwächen und braucht daher die Ergänzung und Korrektur der anderen, so wie es selbst gebraucht wird. Ein Heraustreten aus dieser Gemeinschaft ist Sünde gegen Christus selber und macht das eigene Leben und das der Gemeinde ärmer. Diese Gemeinschaft muß an irgendeinem Ort verbindlich konkret werden.

Im Überwinden der Versuchung

Auf jede erdenkliche Weise wird der Versucher, der selbst vor Jesus nicht haltmachte (Matthäus 4, 1—11), die Gewißheit des neuen Lebens zu untergraben suchen. Oft folgt gerade auf die Befreiung eine Woge von Anfechtungen, denen man vielleicht nicht entgehen, aber doch durch die Kraft Jesu überwinden kann. Es gilt hier vor allem, den Anfängen zu wehren. Jede Sünde wird gedacht, bevor sie ausgeführt wird. Deswegen darf man auch in der Gedankenwelt keinen Kompromiß schließen, sondern muß dem Beispiel Jesu folgen, der in der

Stunde der Versuchung den Einflüsterungen Satans mit Gottes Wort begegnete: „Es steht geschrieben." Da hatte der Versucher keine Macht mehr.

Ein besiegter Feind

Überhaupt hat die Sünde über den Christen keine Macht außer der, die er ihr bewußt einräumt. „Gott ist getreu, der euch nicht versuchen läßt über euer Vermögen hinaus, sondern in der Versuchung auch den Ausweg schafft" (1. Korinther 10, 13). Es gibt keine Versuchung, der man nicht widerstehen könnte. Wer versuchliche Situationen vermeidet und sein Denken mit Gottes Wort füllt, wird auch bei Jesus die Kraft finden, in der Anfechtung selbst nicht zu fallen. Jesus antwortet oft in wunderbarer Weise auf den Hilferuf seiner Leute.

Überwinden, Sieg, heißt also nicht, keine homosexuellen Versuchungen mehr zu erleben, sondern bedeutet, daß man in ihnen durchhält und so Gott verherrlicht. Trotz Deiner Versuchungen bist Du kein Homosexueller mehr. „Wer in Christus ist, der ist eine neue Kreatur" (2. Korinther 5, 17). Gott hat einen völlig neuen Menschen aus Dir gemacht. Höre nicht auf die Lügen Satans, des Anklägers der Brüder, der Dir einflüstern wird, Du seist nicht wirklich frei und neu geworden, weil Du Anfechtungen erfährst.

Jesus versteht

Selbst Jesus wurde versucht, doch er sündigte nicht. Von ihm heißt es: „Er mußte in allen Dingen seinen Brüdern gleich werden, auf daß er barmherzig würde und ein treuer Hoherpriester vor Gott, zu versöhnen die Sünden des Volkes. Denn worin er gelitten hat und versucht ist, kann er denen helfen, die versucht werden. Denn wir haben nicht einen Hohenpriester, der nicht mit unserer Schwachheit mitleiden könnte, sondern der in allen Dingen versucht ist wie wir, doch ohne Sünde" (Hebräer 2, 17. 18; 4, 15). Das ist eines der größten Geheimnisse der Bibel. Jesus kennt jede menschliche Versuchung aus seinem eigenen Erleben. Unfaßbar! Er kennt also auch die homosexuelle Versuchung mit all ihrer verführerischen Macht. Versucht wie wir, doch ohne Sünde! Das ist das Geheimnis des Evangeliums. Jesus wird in allem gleich wie wir. Und dennoch bleibt er unbefleckt. Deshalb, so sagt der Hebräerbrief, kann er an unserer Statt sterben. Das bedeutet hier das Wort Hoherpriester: Er vertritt uns vor Gott. Er versteht uns wirklich und kann mitfühlen. Und er kann uns aus der Versuchung herausreißen.

Im Wiederaufstehen nach einem Fall

Was tun, wenn Du wieder gefallen bist? Ist jetzt alles umsonst? War alles nur eine Einbildung? Kann Jesus Dich noch einmal annehmen? Ich möchte mit einem schlichten Lied aus dem letzten Jahrhundert antworten:

Darf ich wiederkommen mit der alten Schuld?
Hast du nicht verloren endlich die Geduld?
Ist denn deine Gnade also täglich neu,
daß du willst vergeben, auch so oft es sei?

Wenn ich dich so frage und ich seh dich an,
o wie hat dein Herz sich mir aufgetan!
Liebe, lauter Liebe ist's die mich umfängt,
ach! und eine Liebe, wie kein Mensch es denkt.

Segnen und erretten tust du ja so gern,
brich des Zweifels Ketten, starker Arm des Herrn.
Zeig mir deine Liebe, die mich glauben heißt,
die mit mächt'gem Triebe mich stets an dich reißt.

Wahrlich, ich darf kommen mit derselben Schuld.
Ich werd angenommen, du trägst in Geduld.
Halt mich dann gebunden, fest, o Herr, an dich,
daß ich werd erfunden in dir ewiglich.

Hermann Heinrich Grafe

Es kann sein, daß Du wieder zurückfällst. Aber auch da ist
Jesus größer. „Wenn wir unsere Sünde bekennen, so ist er
treu und gerecht, daß er unsere Sünde vergibt und uns reinigt
von aller Untugend" (1. Johannes 1, 9). Du darfst wieder auf-
stehen. Und wenn Jesus Dich reinwäscht, bist Du wieder ganz
rein. Er wirft Deine Sünde ins äußerste Meer (Micha 7, 19).
Da bleibt sie dann. Und Du bist wieder frei. Gott löscht
Deine Übertretungen und denkt nicht mehr an sie. Er hat
vergeben und vergessen (Jesaja 43, 25). Steh wieder auf!
Schau nicht auf Deine Sünde, sondern auf Jesus am Kreuz.

Tatsächlich erlöst

Unser Glaube darf sich nicht auf Gefühle, auch nicht auf unser
Vorwärtskommen im Leben als Christ gründen, sondern
allein auf Gottes Wort. Unser Blick kann sich abwenden von
uns selbst und unseren Anfechtungen hin zu Jesus, durch den
Erlösung und Neuschöpfung Tatsachen geworden sind, an
denen wir jetzt im Glauben Anteil haben.
Noch eins: Wer als Christ wieder in homosexuelle Sünde fällt,
wird schnell merken, wie ihm das, was ihm früher das Schönste und Erstrebenswerteste schien, nach kurzer Zeit schal
wird. Er wird den bitteren Nachgeschmack nicht los. Er merkt,
wie unerfüllend und oberflächlich alles ist. Wer Jesus kennt,
hat etwas viel Besseres und weiß es auch, selbst wenn er zeitweilig stark von der Versuchung angezogen wird.

Im geistlichen Sehen

Wer einen anderen Menschen nur nach ästhetischen oder gar erotischen Gesichtspunkten beurteilt, nimmt sein Gegenüber gar nicht mehr als Person ernst, sondern mißbraucht ihn als Objekt der eigenen Lust. Homosexualität ist auch eine Sünde der Augen. Man denkt von anderen nur noch in Kategorien von Schönheit, Jungsein und Attraktivität und wird so seinen Mitmenschen in keiner Weise gerecht. Solche Ästhetik ist eine der schlimmsten Formen der Menschenverachtung. Außerdem fixiert man sich durch solches Selbsttraining auf diese Sichtweise.

Jesus stellt solches Verhalten unter das Urteil Gottes: „Wer einen anderen ansieht, ihn zu begehren ..." (Matthäus 5, 17—30). Stattdessen können wir lernen, andere Menschen „in Christus" zu sehen und nicht mehr nach „fleischlicher Weise"; nicht mit sich selbst als Mittelpunkt und Maß aller Dinge, sondern nach „geistlicher Weise" — mit Christus als Bezugspunkt und letztem Richter aller Gedanken und Taten (2. Korinther 5, 16). Wer sein Gegenüber so ansieht, kann dessen von Gott geschenkte Schönheit sehen, ohne ihn zu begehren.

In wachsender Gesundung der Persönlichkeit

Gott als der Schöpfer aller Menschen will die Vollkommenheit. Erst durch die Sünde kamen Leid, Krankheit und Tod in die Schöpfung und bestimmten seitdem das Leben der Menschheit. Wenn der Mensch die Sünde wählt, wählt er gleichzeitig Krankheit, Leid und Unvollkommenheit.

Homosexuelles Verhalten über einen längeren Zeitraum hinweg erzeugt und bedingt zugleich seelische Krankheiten, Komplexe, Zerrissenheit, Angst, Schuldgefühle und Einsamkeit, manchmal auch Depressionen bis hin zu Selbstmordgedanken. Umgekehrt treiben diese den Betroffenen wiederum zu homosexuellen Ersatzhandlungen. Erst wenn dieser Teufelskreis von Jesus durchbrochen wird, ist auch der Grundstein für eine Gesundung der gesamten Persönlichkeit gelegt.

Wachstum braucht Zeit

Das Abwenden von der Homosexualität ist ein einmaliger Willensakt, während der Gesundungsprozeß oft von längerer Dauer ist. Gottes Geist braucht Zeit, das Innere neu zu ordnen. Es gibt Menschen, die Gott in einem Augenblick befreit und ganz von ihrer Vergangenheit losgemacht hat, so daß sie homosexuelle Versuchungen nicht mehr belasten. Bei anderen dauert der Prozeß länger. Es mag sein, daß er in diesem Leben nicht ganz zum Abschluß kommt. Das liegt letztlich im Plan Gottes mit dem einzelnen. Jeder Christ aber kann Gott mit seinen Begrenzungen und Gaben in Reinheit dienen.

Mit Begrenzungen leben lernen

Es gibt auf unserer von der Sünde gezeichneten Welt keinen einzigen Menschen, in dessen Leben nicht ein bestimmter Bereich entstellt oder krank wäre. Es wird uns zugemutet, mit Behinderungen zu leben. Aber das ist nicht das Entscheidende. Entscheidend ist, daß Gott mit seinen Plänen ans Ziel kommt. „Meine Lieben, wir sind nun Gottes Kinder; und es ist noch nicht erschienen, was wir sein werden. Wir wissen aber, daß wir ihm (Jesus) gleich sein werden; denn wir werden ihn sehen, wie er ist" (1. Johannes 3, 2). Hier liegt die Spannung des Lebens als Christ: Wir sind schon ganz real Gottes Kinder. Und doch ist es noch nicht im Vollsinn deutlich, was das alles in sich trägt. Eins aber wissen wir: Wir werden Jesus gleich sein. Gibt es eine höhere Berufung?

Zukunftsorientiert leben

Der Seher Johannes läßt uns einen Blick in diese Vollendung der Pläne Gottes mit den Menschen tun: „Siehe da, die Hütte Gottes bei den Menschen! Und er wird bei ihnen wohnen, und sie werden sein Volk sein, und er selbst, Gott, wird mit ihnen sein. Und Gott wird abwischen alle Tränen von ihren Augen, und der Tod wird nicht mehr sein, weder Leid noch Geschrei, noch Schmerz wird mehr sein; denn das Erste ist vergangen. Und der auf dem Thron saß, sprach: Siehe, ich mache alles neu. Ich will dem Durstigen geben von dem Brunnen lebendigen Wassers umsonst. Wer überwindet, der wird es alles ererben, und ich werde sein Gott sein, und er wird mein Sohn sein" (Offenbarung 21, 3—7).

In der ganzen Verfügbarkeit für Gott

Von hier aus beantwortet sich auch die Frage nach einer Heirat für den ehemaligen Homosexuellen. Nach Gottes Plan ist die Ehe die einzige Beziehung, in der der Mensch auch zu ganzheitlicher sexueller Erfüllung kommen kann, ohne Schaden an Leib und Seele zu nehmen. „Darum wird ein Mann Vater und Mutter verlassen und seiner Frau anhangen, und sie werden ein Fleisch sein" (1. Mose 2, 24). Wer die richtige emotionale Lösung von seinen Eltern vollzogen hat (Vater und Mutter verlassen), zweitens die Öffnung zum anderen Geschlecht hin durch Bewältigung der homosexuellen Vergangenheit lernt (der Frau anhangen), für den ist das „Ein Fleisch werden" zur realen Möglichkeit geworden.

Warum nicht heiraten?

Dr. John White gebraucht in seinem Buch „Eros Defiled" den Satz: „Zwei Hälften bilden noch nicht ein Ganzes" als Überschrift über das Kapitel über Homosexualität. Das stimmt. Erst die Frau kann dem Mann das ganze Gegenüber werden und genauso der Mann allein die Ergänzung der Frau. Homosexualität ist also Heraustreten aus der Schöpfungsordnung.

Das befreite Leben bewährt sich nun durch Einordnen in die Schöpfungsordnung und durch die ständige Offenheit für Gottes Führung. Der eine wird sich frei fühlen, zu heiraten, der andere wird es vielleicht nicht wagen wollen. Das ist eine Frage der persönlichen Führung durch Gott. Von vornherein eine Heirat auszuschließen, ist jedoch Ausdruck des Unglaubens.

Viele Aufgaben

Ich möchte jedem Betroffenen Mut machen. Ich kenne ehemalige Homosexuelle, die jetzt in glücklicher Ehe leben. Wie Gott auch führt — auf jeden Fall hat er einen wunderbaren Plan für seine Leute, in dem jeder zur größten Entfaltung kommen kann. Wichtig ist die ganze Verfügbarkeit für Gott z. B. in der Weltmission, in der Diakonie, in der Politik, in der Seelsorge, in der Gemeindearbeit. Überall gibt es Aufgaben. Es werden Leute gesucht, die frei von sich selbst geworden sind und die sich nun ganz in den Dienst Christi geben. Das ist die höchste Erfüllung eines Lebens.

Im Erfülltsein mit Gottes Geist

„Denn Gott hat uns nicht gegeben den Geist der Furcht, sondern der Kraft und der Liebe und der Zucht" (2. Timotheus 1, 7).

Wenn Du Jesus bittest, in Dein Leben zu kommen, nimmt er in Dir wie in einem Haus Wohnung. Er gibt Dir den Heiligen Geist, der anfängt, bei Dir aufzuräumen. Wie bei der Renovierung einer alten Villa muß er viel Schmutz und Abfall aus Deinem Leben wegschaffen. Er baut um; neue Farben, neue Möbel kommen hinein. Das Ziel ist: unser Leben, unsere Persönlichkeit soll ein Tempel Gottes werden. Er will in uns regieren. Paulus fordert auf, uns ausfüllen zu lassen mit der ganzen überfließenden Gottesfülle.

Gottes Geist — ein Geist der Kraft, der uns im Kampf der Nachfolge hilft.

Gottes Geist — ein Geist der Liebe, die uns umspült, ausfüllt, unsere tiefsten Bedürfnisse stillt und uns Liebe für den Nächsten schenkt.

Gottes Geist — ein Geist der Zucht, der uns erzieht und hinzieht zu Jesus.

Du kannst als neuer Mensch nur bestehen, wenn Du Dich jeden Tag erfüllen läßt vom Geist Gottes. „Der Herr ist der Geist; wo aber der Geist des Herrn ist, da ist Freiheit (2. Korinther 3, 17). Ein Leben in der Fülle des Geistes ist das Geburtsrecht jedes Christen.

Die Jesus-Alternative

So ist für einen Homosexuellen die einzige Alternative: Mit Jesus leben. Und wer sich ihm mit Haut und Haaren verschreibt, der wird erleben, wie in ihm die Frucht des Geistes Gottes heranreift: Liebe, Freude, Friede, Geduld, Freundlichkeit, Güte, Sanftmut, Selbstbeherrschung (Galater 5,22). Und so gewinnt Jesus in uns Raum. Wir werden ihm immer ähnlicher, bis er wirklich Gestalt in uns angenommen hat!

DIE NEUE GESELLSCHAFT

Wenn die Gemeinschaft in den christlichen Versammlungen
nicht weitaus größer ist als die der sonstigen Gruppen in
unserer Gesellschaft, können die Christen so lange über die
alles verändernde Liebe und Macht Jesu Christi sprechen,
bis sie heiser sind, und kaum jemand wird ihnen zuhören.
Michael Green

„Ein neues Gebot gebe ich euch, daß ihr euch untereinander
liebet, wie ich euch geliebt habe, damit auch ihr einander
lieb habet. Daran wird jedermann erkennen, daß ihr meine
Jünger seid, so ihr Liebe untereinander habt."
Johannes 13, 34. 35

Offene Herzen?

Wo soll ein Homosexueller Hilfe finden, wenn nicht bei
den Jesusleuten? Wo kann er offen über seine Nöte, seine
Versuchungen, seine Zweifel sprechen? Wo findet er eine
Gemeinschaft, die zu ihm hält, ihn durchträgt, selbst wenn
er wieder in sein altes Leben zurückfällt? Erst dann hat dieses Buch sein Ziel erreicht, wenn überall in unserem Land
Christen einen Blick für diese große Not vieler Menschen be-
kommen. Wenn viele bereit werden, Lasten mitzutragen, Gemeinschaft anzubieten, ihre Häuser und Herzen zu öffnen.
Hier sind unsere Kirchen und Gemeinden, wie es scheint,
haushoch überfordert. Deshalb zeigt Jesus uns einen Weg,
seine Gegenwart in den konkreten Alltagsbezügen zu erfahren:

Zwei oder Drei

Die „Zwei oder Drei" sind die eigentlichen Träger der Jesus-
gegenwart. Sie bilden eine Lebenszelle, in der Jesus der Mit-

telpunkt ist. Und er verspricht, daß, wenn diese zwei oder drei ganz eins werden in einer Bitte, es ihnen von ihrem Vater im Himmel gegeben werden soll. Hier ist die Pulsader des Lebensstroms. Wer hier angeschlossen wird, hineingenommen in eine solche Lebenszelle, der bekommt immer wieder neue Kraftzufuhr von Jesus selbst.

Daß ich frei geworden bin von meiner homosexuellen Bindung, ist das Ergebnis solch einer engen Lebens- und Kampfgemeinschaft mit einer Handvoll Jesusleuten. Dieses Buch ist aus der Gemeinschaft einer Lebenszelle erwachsen. Hier liegt meine große Hoffnung für die Homosexuellen — und nicht nur für sie, sondern für alle, die an irgendeiner Stelle gebunden oder belastet sind —, daß überall im Land solche Lebenszellen entstehen, die eine brennende Liebe für die haben, die Jesus noch nicht kennen. Jesus gibt diesen wenigen Leuten eine unerhörte Vollmacht: „Was ihr binden werdet auf Erden, soll gebunden sein im Himmel, und was ihr lösen werdet auf Erden, soll auch gelöst sein im Himmel" (Matthäus 18, 18). Wir dürfen Menschen von ihren Belastungen lösen und sie an Jesus „anbinden".

Das bringt uns zur zweiten Perspektive des Leibes Christi, die uns hier eröffnet wird:

Radikale Offenheit

In einer solchen Gemeinschaft kann ich ganz offen werden, ganz verwundbar. Ich darf die Maske ablegen. Keiner ist besser als der andere, keiner steht über seinem Bruder. Wir sind alle Leute, die ihre Sünde klar erkannt haben — und denen deshalb ihr Hochmut vergangen ist. Wir sind alle Leute, die die Vergebung Jesu erfahren haben — und bei denen deshalb die große Freude ausgebrochen ist. Jeder trägt die Schwächen des anderen mit. Wenn einer fällt, helfen ihm die andern wieder auf.

In der Gemeinschaft kann das Jesusleben ganz spontan praktiziert werden. Und immer wieder merkt man: Jesus ist da!

Er hilft. Er heilt. Er gibt mir seine Liebe durch die Geschwister. Hier kann ich aufatmen. Hier kann ich im Glauben wachsen. Jakobus gibt uns folgenden Rat: „Bekenne einer dem anderen seine Sünden und betet füreinander, daß ihr gesund werdet" (Jakobus 5, 16). Bist Du in solch einer Gemeinschaft? Wenn nicht, such Dir den zweiten und fangt an. Lest in der Bibel, betet zusammen, helft einander! Bleibt offen für andere, die dazukommen können. So einfach baut Gott sein Reich. So wächst die neue Gesellschaft.

In der Schweiz singt man ein nettes Lied auf Schwyzerdütsch:

Warum gahts denn nöd als Solochrischt,
warum chas elei nöd gah?
Will d'eleige ganz verlore bischt
und der niemer hälfe cha.

En Chrischt brucht der ander,
der ander brucht mich,
so hälfet mir enander
uf em Wäg i sys Rych.

Das ist die große Möglichkeit: Wir helfen einander auf dem Weg in sein Reich.

Das Lied führt uns noch zu einer dritten Perspektive:

Weggenossen

C. S. Lewis beschreibt im siebten Buch seines allegorischen Romans „The Chronicles of Narnia" wie die Helden, sieben Kinder, in der Nacht der letzten heißen Entscheidungsschlacht von ihren Feinden gezwungen werden, in eine kleine Holzhütte auf einem Hügel einzutreten. Diese Hütte war die Wohnung des schrecklichen Todesgottes Tash. Und wie die Kinder durch die dunkle Tür treten, finden sie sich auf einer großen Wiese im Sonnenschein wieder, und bald merken sie, daß sie in einer ganz neuen Welt angekommen sind. Erstaunt rufen sie aus: „The inside is bigger than the outside." Sie schauen sich um und sehen in der Ferne auf einem Berg, der bis an den Himmel reicht, die Stadt des Königs. Und so machen sie sich freudig auf den Weg hin zu dieser Stadt. Unterwegs treffen sie viele, die dasselbe Ziel haben.

Drinnen oder draußen?

Ein wunderbares Bild für die Jesusgemeinde. Wer draußen steht, sieht nur ein paar Kirchengebäude und da und dort einige „religiöse Menschen". Wer aber durch die Tür eintritt, dem geht eine neue Welt auf. Eine Welt, in der man Sonne und Luft und Weite genießen kann. Drinnen ist es größer als draußen. Man trifft Unzählige, die auf demselben Weg sind. Die Jesusgemeinde, die von außen so kümmerlich aussieht, hier ein paar Leute, dort ein Handvoll, wird in ihrer ganzen Schönheit für den sichtbar, der drinnen ist. Wie ein Strom wandert eine unendliche Schar auf das Ziel zu, die Stadt des hier ein paar Leute, dort eine Handvoll, wird in ihrer ganzen Vollkommenheit leben wird — die neue Gesellschaft, die Gemeinde der erlösten Sünder, die mit Jesus verbunden ist. Und auch untereinander besteht ein unlösbares Band, wie bei einem Körper braucht jedes Glied das andere. Einer hilft dem anderen mit seiner besonderen Begabung. Wenn ein Glied leidet, leiden alle mit.
Das Gesetz der Jesusleute ist die Liebe. Der Grund ihrer Gemeinschaft ist der Glaube an Jesus. Die Motivation für ihren Dienst ist die Hoffnung. Das Element, in dem sie leben, ist Gottes Geist. Und Haupt dieser Familie ist Jesus selbst.

NACHWORT

Hilfe ja — aber wie?

Dieses Buch wird auf heftige Kritik stoßen. Das scheint eine ausgemachte Sache zu sein, wenn man auf die Literatur schaut, die zum Thema Homosexualität in letzter Zeit erschienen ist. Auch die Veröffentlichungen der Homosexuellen-Aktionen lassen erkennen, wie man sich die Hilfe vorstellt, die den so geprägten Menschen gegeben werden soll: Anerkennung der Homosexualität als einer gleichberechtigten Schöpfungsvariante neben der Heterosexualität.

Eine Stellung, wie sie Christian Roland in dieser Sache bezieht, erscheint da sehr mutig. Sie paßt nicht in das Schema: entweder Homosexualität anerkennen und für die freie Ausübung homosexueller Praxis eintreten oder die Homosexuellen verdammen.

Die biblische Perspektive läßt sich nicht in dieses Entweder-Oder pressen. In der Bibel finden wir eine eindeutige Kritik der homosexuellen Praxis. Und ich frage mich, wie man beim Lesen der Bibel zu der Auffassung kommen kann, daß die Homosexualität in der Bibel nicht eindeutig beurteilt würde. Nur wenn man die konkreten ethischen Weisungen der Bibel insgesamt als belanglos und überholt betrachtet, kann man zu einer solchen Stellung gelangen.

Sehr wichtig aber erscheint mir, daß im Evangelium ein eindeutiges Ja der Liebe Gottes zur Person des Homosexuellen verbunden wird mit einem ebenso eindeutigen Nein zur Homosexualität als Fehlorientierung. Dieser Unterschied ist wichtig. Jesus nimmt vorurteilslos Menschen an, egal welche Fehlhaltungen ihr Leben bestimmen. Jesus hat keine moralischen Vorurteile.

Und das unterscheidet die biblische Einstellung von der, die in unserer Gesellschaft — und auch oft in christlichen Gemeinden — vorherrscht. Gottes Annahme bedeutet Vergebung und

Hilfe zu einem neuen Weg. Das gilt für Fehlorientierungen auf homosexuellem wie auf heterosexuellem Gebiet. Seelsorgerliche Hilfe kann doch nur gegeben werden, wenn auch in der christlichen Gemeinde das Nein zur Sünde verbunden wird mit einem Ja der Liebe zum Sünder. Diese Unterscheidung ist eine Grundtatsache des Evangeliums.

Und eine weitere Grundeinsicht erscheint mir in dem, was der Autor darstellt, außerordentlich wichtig: Es ist schon eine Entwürdigung des Menschen, jemanden als Homosexuellen zu bezeichnen. Die Betroffenen tun sich selbst einen schlechten Dienst, wenn sie ihre ganze Person mit dieser sexuellen Ausrichtung als dem wichtigsten Kennzeichen beschreiben.

Jeder Mensch ist von Gott mit besonderen Gaben ausgestattet. Jedes Leben hat von Gott her einen besonderen Sinn. Wir sollen etwas zur Ehre Gottes und zur Hilfe für andere Menschen sein. Der Mensch ist nicht nur durch seinen Geschlechtstrieb gekennzeichnet — weder der Heterosexuelle noch der Homosexuelle. Auch das Vorhandensein des heterosexuellen Triebes rechtfertigt nicht die außereheliche heterosexuelle Praxis. Das Leben eines Menschen wird nicht dadurch sinnlos, daß er keine Ehe eingeht.

Ich wünsche diesem Buch, daß es vielen Betroffenen eine hoffnungsvolle Perspektive gibt. Ebenso dringend hoffe ich, daß viele Christen und Gemeinden durch dieses Buch zu einer Haltung des Verständnisses und der Offenheit gegenüber den vom Problem der Homosexualität betroffenen Menschen kommen. Es muß dazu kommen, daß die damit verbundenen Nöte in den christlichen Gemeinden nicht verheimlicht, unterdrückt und verdrängt werden. Sonst sollten wir uns nicht wundern, daß es zum Gegenschlag kommt und aus der Not eine Tugend gemacht wird.

Ulrich Parzany

Briefe an den Verfasser über
Aussaat Verlag, Wittensteinstr. 110—114, 5600 Wuppertal 2

LITERATURVERZEICHNIS

Die Bibelzitate sind teilweise der Lutherübersetzung entnommen, zum anderen Teil von mir selbst aus dem hebräischen und griechischen Urtext übersetzt.

1. Homosexualität

Vom Sinn geschlechtlicher Partnerschaft, Eine geistliche Wegweisung zum Problem der Homosexualität, Weiße Reihe 6, Weißkreuz-Verlag, Kassel-Harleshausen 1976
Ein wertvolles, ausführliches Buch zum Thema. Es stellt das Problem in seiner Vielschichtigkeit in einen biblischen Gesamtzusammenhang.

Homosexualität in evangelischer Sicht, Aussaat Verlag, Wuppertal 1965
Dieses Buch versucht, in vier Beiträgen die theologischen, medizinischen und strafrechtlichen Aspekte der Homosexualität darzustellen und zeigt in deutlicher Weise — im Gegensatz zu anderen zeitgenössischen theologischen Bewertungen — die Notwendigkeit einer biblischen Position.

Alex Davidson, The Returns of Love, Inter Varsity Press, London 1970
Der Verfasser behandelt in Briefform sein Leben als homosexuell empfindender Mensch, der in bewußter Nachfolge Jesu lebt, und die Bewältigung seiner Probleme mit Gottes Hilfe. Ein sehr persönliches, wirklichkeitsnahes Buch. Auch in norwegischer Übersetzung erhältlich: Brev fra en kristen homofil, Luther Forlag, Oslo.

Roger Moss, Christians and Homosexuality, Paternoster Press, Exeter 1977
Eine ausführliche Behandlung der psychologischen und sozia-

len Fragen. Das Buch richtet sich vor allem an die christliche
Gemeinde.

Kent Philpott, The Third Sex (Six homosexuals tell their
story), Logos International, Good Reading Limited, London
1975
In Interviewform berichten drei Männer und drei Frauen über
ihr früheres Leben als Homosexuelle und ihre Befreiung
durch Jesus. Ein sehr offenes, ermutigendes Buch.

Mary Stuart, Sexuelle Freiheit, Edition Trobisch, Baden-
Baden

Gini Andrews, Sons of Freedom, Zondervan Publishing House

2. Seelsorge

Jay E. Adams, Handbuch für Seelsorge, Brunnen Verlag, Gie-
ßen 1976
Es weist im speziellen Teil in bestechender Klarheit die Haupt-
linien einer praktischen Befreiung von homosexuellen Le-
bensgewohnheiten auf und gewährt darüber hinaus eine gute
Einführung in die Möglichkeiten und Notwendigkeiten bibli-
scher Seelsorge.

John White, Eros Defiled, The Christian and Sexual Sin, Inter Varsity Press, Downers Grove, Illionois 60 515, 1977
Dr. John White, Professor für Psychiatrie an der University
of Manitoba, gibt in seinem Buch aus reicher Erfahrung mit
Ratsuchenden eine gute Darstellung der sexuellen Probleme
des heutigen Menschen. Ein Buch, das die Realitäten nicht
verharmlost, aber von der Bibel her gangbare Wege zur Befreiung aus Gebundenheiten zeigt.

3. Leben mit Jesus

Wilhard Becker, Angriff der Liebe, Rolf Kühne Verlag, Schloß
Craheim 1963
Eine praktische Anleitung zum neuen Lebensstil.

Paul E. Little, Ich weiß, warum ich glaube, Hänssler-Verlag,
Neuhausen 1978
Ein Buch für Skeptiker und solche, die wissen wollen, warum
der Glaube an Jesus die einzige Alternative darstellt.

Wilhelm Busch, Jesus unser Schicksal, Schriftenmissions-
Verlag, Gladbeck
Ein äußerst packendes Buch des verstorbenen Jugendpfarrers
aus Essen, das wie kaum ein zweites den Weg zu Jesus offen-
legt.

Walter Trobisch, Liebe dich selbst, Selbstannahme und
Schwermut, Brockhaus Verlag, Wuppertal
W. Trobisch will Hilfen geben, sich selbst mit seinen Proble-
men und Gaben anzunehmen.

Michael Green, Jesus bedeutet Freiheit, Telos
Größe und Weite der Freiheit, die Jesus schenkt, sind Themen
dieses Buches. Ein jesusgemäßes Konzept von verantwort-
licher Freiheit im privaten, sozialen und weltweiten Bereich.

ALTERNATIVER LEBENSSTIL

Christsein mit politischem Horizont

von Barbara und Ulrich Weidner

ABCteam TB 3065, 160 Seiten, kartoniert,
auf Recyclingpapier gedruckt

Welche Positionen sollen wir als Christen in einer Gesellschaft einnehmen, die nicht mehr weiß, wohin sie sich entwickeln soll? Weithin hat der „unverantwortliche Genuß" den Jenseitsglauben durch einen Diesseitsglauben, an einen schrankenlosen, materiellen Fortschritt abgelöst. Christen suchen Antworten in einem reichen Land auf die Herausforderung des Hungers in der Welt, auf unsere eigenen Wohlstandskrankheiten und die düsteren Zukunftsprognosen seit der Ölkrise.

Die Artikel sind in der Hoffnung zusammengestellt und geschrieben worden, daß es einen anderen Weg als den der Resignation, des Zynismus und der Gewalt gibt: den Weg des Glaubens durch die Auferweckung Christi von den Toten. Die Auseinandersetzung auch mit den Fragen der Politik basiert darauf und will letztlich ihn bezeugen. — Denen, die diesen Weg mitgehen wollen, seien Informationen, Erfahrungen, Hilfen und Tips weitergegeben.

AUSSAAT VERLAG · WUPPERTAL